图书馆管理

与信息化应用研究

董　谦／著

山西出版传媒集团
三晋出版社

图书在版编目（CIP）数据

图书馆管理与信息化应用研究 / 董谦著. --太原 ：三晋出版社，2024.4

ISBN 978-7-5457-2933-7

Ⅰ. ①图… Ⅱ. ①董… Ⅲ. ①图书馆管理－研究②图书馆管理－信息化－研究 Ⅳ. ①G251②G250.7

中国国家版本馆CIP数据核字（2024）第071825号

图书馆管理与信息化应用研究

著　　者： 董　谦
责任编辑： 张　路

出 版 者： 山西出版传媒集团·三晋出版社
地　　址： 太原市建设南路21号
电　　话： 0351-4956036（总编室）
0351-4922203（印制部）
网　　址： http://www.sjcbs.cn

经 销 者： 新华书店
承 印 者： 三河市恒彩印务有限公司

开　　本： 710mm×1020mm　1/16
印　　张： 13.5
字　　数： 185千字
版　　次： 2025年4月第1版
印　　次： 2025年7月第1次印刷
书　　号： ISBN 978-7-5457-2933-7
定　　价： 72.00元

作者简介

董谦，男，汉族，1988年6月生，山东郯城人。硕士研究生学历，毕业于华东师范大学历史学系中国近现代史专业。现为山东省政协文史馆馆员，主要从事人民政协文史资料的征集、收藏、展示和编辑等工作。发表过《基于数字化技术简析现代图书管理方法》《互联网背景下图书馆信息化建设现状及对策探讨》《新文科建设背景下图书资料应用与研究》等文章。

目　录

第一章　图书馆管理概述

第一节　图书馆管理内容

一、管理科学与图书馆管理

（一）管理的内涵

1. 广义的管理。从广义来说，管理是一种文化活动，是指导人类完成意愿、达成目的的行动。人类为了实现其设定的目的所采取的一切行动，包括程序、方法、途径等均涉及管理活动，如家庭主妇要管理她们的家务，小孩要管理自己的零花钱，所有的人都要管理自己的时间等。也就是说，所有的人都必然要从事把有限的资源分配给众多的、互相竞争的、难以满足需要的管理活动。由此可见，管理贯穿于社会事物的各个领域，渗透到人类社会活动的一切方面，其内容包罗万象。

2. 狭义的管理。狭义来讲，管理是针对社会组织或团体的管理来说的，如政府机关、军队、学校、医院、商店及各种企事业单位的管理。顾名思义，管理即管辖和治理。其具体定义、说法不一，一般定义为：管理就是运用组织、计划、协调等方法，有效地利用人力、物力和财力等基本条件，使其发挥最大的效能，以达到预想的目标和完成既定任务的一种活动。简而言之，管理就是协调人们的活动，只要有两个以上的人工作，就需要一个管理过程，协调他们的劳动，协调即管理。所以管理作为一种独立的社会职能，是协调劳动的产物。正是这种协调劳动推动了人类社会的发展。

3.管理的性质。管理具有自然属性和社会属性。自然属性就是管理所具有的组织、指挥和协调人们劳动的特性，反映了人们共同劳动本身的要求，是一系列科学技术、方法在管理中的应用，同生产力相联系。管理的社会属性，即它所具有的监督职能，反映了生产资料占有者的意志，同生产关系相联系。总之，管理既属于生产力，又属于生产关系，这就是它的二重性原理。

（二）管理学理论在图书馆管理中的应用

1.图书馆管理理论的形成。自从产生了图书馆，就有了图书馆劳动的分工与协作，因而也就有了图书馆的管理。但是古代的图书馆以藏为主，内部工作比较单纯，与社会的联系又不密切，图书馆的管理属于自发式的经验管理，其管理职能寓于业务工作之中。后来随着近代图书馆面向社会开放，图书馆业务范围扩大，与社会联系日益广泛，人们从注意管理到研究图书馆管理，从而逐渐形成了一套图书馆管理的理论和方法。在图书馆管理理论的形成过程中，一方面总结了图书馆本身的管理经验，另一方面又吸收借鉴了其他行业的管理理论和方法。

2.美国图书馆管理理论的发展过程。1887年，圣路易斯公共图书馆馆长就说："图书馆主要行政领导人的职责与股份公司经理的职责没有什么本质的不同。图书馆馆长可以从商人的管理方法上得到益处。"

1930年，唐纳·孔尼（Donald Coney）建议将科学管理的观念与方法运用到大学图书馆的组织与行政上去，其中包括图书馆功能的分类、目标的建立、生产力的提高、工作的专门化和标准化以及员工的有效使用等。

20世纪40年代，芝加哥大学图书馆学院致力于将图书馆管理与公共管理的研究联系起来，并有《公共管理与图书馆》等著作问世。从此图书馆管理的理论研究就一直追随着一般管理的理论而发展。

现代管理学派的各种理论和方法相继引进或移植到图书馆管理实践中来，先后出版了诸如斯图亚特的《图书馆管理》等专著200多种。

3. 管理理论在图书馆管理中的应用。图书馆管理与社会其他行业的管理是息息相关的，它们都是运用管理学的原理、原则和方法，去达成既定的目标，完成特定的任务。当前我国图书馆界，普遍采用的计划管理、目标管理、定量管理、岗位责任制、经济责任承包等管理办法，大多来源于此。但图书馆又有自身的特有规律，其解决矛盾的方法及运动形态也区别于其他组织的管理活动。图书馆管理属于知识信息管理范畴，其管理实践经验的总结，必将进一步丰富当代管理学的内容，为管理学的长足发展添砖加瓦。

二、图书馆管理的必要性

管理是人们组织社会生活和社会实践的纽带，其意义和作用已由实践活动升华到经济资源的范畴。一个国家、一个民族或一项事业，能否兴旺发达，很大程度上取决于“管理”的“资源”是否得到充分开发。

管理具有黏合力，能将管理系统内的各种相关因素密切地结合起来；管理具有增值力，能使整体功能大于部分之和；管理具有传输力，能使构成管理对象的各种物质、能量、信息按照一定的方向进行交流，以形成良好的动态结构和合理的布局；管理具有驱动力，能推动各种管理对象按预定目标正常运行，促使目标的实现。科学技术的迅猛发展，推动图书馆工作不断现代化，要使现代图书馆充分发挥其社会职能，就必须依靠管理来推进。

（一）图书馆工作的整体性，要求实行科学管理

每一个图书馆都需要众多员工共同劳动，其工作内容复杂、程序繁多。面对这样一个系统工程，需要将它的工作内容的每一个单元环节、物资设备和工作人员，按照一定的组织法则，有序地装配在一个系统的链条上，加以调节，合理运作，统一指挥，否则图书馆就无法达成其方针任务。

（二）图书馆的工作需求，需要加强科学管理

文献资料的大量增加和读者需要的日益多样化，促使图书馆加强科学管

理。由于科学技术的日新月异，世界上的文献量急剧增加，导致信息污染严重，同时也对图书馆提出了更高的要求。

图书馆一方面要对数量庞大、内容复杂、载体多样的书刊文献资料进行准确的挑选、迅速的加工、科学的管理；另一方面要采用各种方式和途径，迅捷、准确地将知识信息提供给需求多样的读者。在这样的需求背景之下，应该对图书馆工作进行合理的安排，对馆员进行培训，对社会信息资源和社会需求进行调查和预测，对读者实施大量的组织工作，这也是图书馆管理所肩负的重任。

（三）图书馆现代化的需要，要求科学管理

随着信息技术的迅速发展和在图书馆中的广泛应用，现代图书馆的主要特点演变为馆藏多样化、工作标准化、技术自动化、储存数字化、服务网络化、组织管理科学化等。计算机等现代技术装备和应用，要靠严密的组织、规范化的操作程序和严谨的组织体系，才能正常运行，充分发挥其作用。由此可见，科学管理不仅是现代化的重要内容和条件，而且是实现图书馆现代化的基本保证。

（四）图书馆的生存发展，要求科学管理

伴随知识经济时代的到来，知识社会化，社会知识化，作为人类知识的宝库、科学的殿堂、传递信息的重要渠道的图书馆，大有用武之地。但从当前实际来看，我国图书馆既面临着发展的机遇，更面临着严峻的挑战。

不少图书馆经费短缺，人才流失，馆舍和设备简陋，缺乏生存发展的基本条件。也有一些图书馆，虽然有丰富的藏书、良好的设备、宽敞的馆舍，但是管理不善，办馆效益很差。还有社会信息咨询机构和信息产业的异军突起以及大众传播媒体的普及，影响了图书馆的社会地位，威胁着图书馆的生存发展。

面对新的情况、新的问题，图书馆如何争取领导的重视、政府的支持、群众的信赖，以求得自身的发展；如何深化改革、转换内部管理机制，充分发挥

人、财、物的作用，以求得社会效益和经济效益双丰收；如何将一个个图书馆组织起来，发挥群体优势，实现资源共建共享，以满足社会对知识信息的需要，这些都需要通过“管理”去解决。因此，通过管理挖潜力、要财富、获效益、求发展，是图书馆生存发展的必然要求。

三、图书馆管理的基本内容

（一）图书馆管理的概念

图书馆管理是指引导人力资源、财力资源、信息资源和物质资源进入动态的图书馆以达到图书馆的目标，进而为读者服务，使读者满意的活动。简单来说，图书馆管理就是人管理人，人管理财，人管理物。

1. 人管理人。人管理人包括图书馆的管理者管理图书馆的一般员工，图书馆各部门的负责人管理本部门的员工，以及图书馆的员工（一般称为图书馆员或图书馆管理员）管理读者等。

2. 人管理财。这里的财包括国家划拨的经费、图书馆自己筹集的资金。图书馆对于“财”的管理是指对于经费的合理分配利用，维持图书馆的日常运营、正常工作等。

3. 人管理物。人管理物是指图书馆从采购书刊等文献资源，到加工处理这些文献资源，以及使这些文献资源进入流通利用的各个管理环节。除此之外，还包括对图书馆馆舍的管理与使用，对图书馆各种设备的管理与使用等。

（二）图书馆管理的特点

1. 贯穿性。

（1）空间：图书馆管理是图书馆教学活动的重要组成部分，它不仅涉及图书馆教学活动的各个方面，而且还涉及图书馆社会活动的方方面面，几乎所有的图书馆社会活动都离不开图书馆管理的参与。

(2)时间:自古以来,图书馆管理一直是一项重要的工作。在中国商代,不仅有专业的图书馆,还有专业的员工来经营书籍。20世纪30年代初,英格兰考古学家列奥纳德·伍利在乌尔发掘出了400多块泥版文书和1000多块残片,这些文书中的经济信息按照题材和时代排序,而且还有信息介绍的标识牌。这是一种全球最古老的图书馆管理方式,它为世界各地的图书馆提供了最初的经营理念。

随着IT的进步,图书馆的结构和功能可能会发生变化,但是管理仍然是图书馆发展的基础。管理是一种无处不在的社会活动,它贯穿于图书馆的各个层面,涵盖了所有的领域,具有普遍性和持久性。

2. 依附性。图书馆管理是一项复杂的工作,它不仅仅是一种理念,而且是一种实践,它的实现需要依赖于具体的业务活动,这些活动不仅要求图书馆管理的目标得以实现,而且还要求图书馆管理的过程能够与其他业务活动相互协调,从而使图书馆管理的结果能够更好地反映出业务活动的成果。

3. 协调性。协调性是一种管理技能,它能够有效地调节和改变各种管理工作对象相互之间的人际交往,使他们能够相互协调,并且能够根据事情本身的规律,在总体上使各种功能达到最佳状况。图书馆管理与其他业务活动有着显著的差异,表现在如下两点:

(1)活动的对象:图书馆管理是一种重要的组织形式,它以本馆管理系统的各项活动为核心,通过协调活动相互之间的关系和内部要素相互之间的关系,来实现本馆的有效运作。它不仅仅是一种特定的具体事物,还是一种更广泛的概念,可以帮助图书馆更好地运营。管理图书馆的活动旨在通过协调各类活动来改变它们的运作方式,从而提高其效率和效果。

(2)活动的任务:图书馆管理的主要目标是建立一个有序的、协调各方利益的关系网络,以及有效地控制和管理各种业务活动,以实现最佳的效果。通过这种方式,图书馆可以更好地适应读者阅读的要求,并且进一步提高服务水平。图书馆管理者通常不会直接从事信息产品的生产或服务活动,而是负责协调内部和外部资源,以便更好地适应读者阅读的要求。图书馆的使命是为读者提供优质的服务。图书馆需要通过借阅服务、参考咨询、信息检索等方式满足读者的需求。

4. 组织性。图书馆管理工作的组织性是一个复杂的过程,它不仅涉及人员的编制结构,而且还涉及资源的有效整合和运用,以及对客观环境的变化做出及时调整。它要求图书馆管理者能够有效地利用资源,并且能够有效地组织和协调各种资源,从而实现资源的有效运作。组织性是图书馆管理的核心特点,它不仅是其他特点的基础,也是实现其他特点的有效手段。图书馆作为信息资源的集中地,需要对馆藏资源进行全面的管理。这包括采购、编目、分类、借还等环节。图书馆作为知识传播的场所,需要通过举办展览、讲座、培训等活动推广知识。

5. 变革性。图书馆管理的变革性是由其内部运作所决定的,它具有一定的客观性。然而,从实际情况来看,图书馆管理也存在一定的保守性,它需要通过制定一些原则和规章来维护图书馆系统的稳定。然而,保守和束缚只是图书馆发展的一种手段,因此它们只能暂时存在。稳定是一种特殊的状态,因为图书馆系统中的要素会不断变化和发展,外部环境也在不断变化。为了有效管理图书馆,我们必须根据它的发展情况来调整那些不再合理的规章制度。

6. 科学性。图书馆管理是一个复杂的过程,可以分为两类:一类是有规划的活动,另一类是无规划的活动。随着信息技术的飞速发展,图书馆需要不断更新技术设备,提高信息技术水平,以便更好地服务读者。图书馆不仅是一个文化场所,更是社会公共服务的一部分。图书馆需要担负起社会教育与文化传承的重任。

(1)程序性活动:程序性活动是一种有条理的管理活动,它旨在通过制定明确的规章制度来实现预期的目标,例如,在读者服务工作中,可以制定相关的规章制度,在人员管理工作中,可以制定录用、奖惩、培训等方面的规定,在行政管理中,可以制定相关的规章制度,在后勤管理中也可以制定相关的规章制度。

(2)非程序性活动:非程序性活动是指那些无法按照规定进行的、需要不断探索和实践的管理活动,例如,建立新的图书馆、建立自动化系统、调整图书馆组织结构、设计复杂的图书馆等。

尽管这两类活动有所不同,但它们都可以被转化,而这种转化过程正是人们对这类活动的理解和掌握的过程。

通过对管理工作内容的合理概括,图书馆管理的科学性得到了充分体现。此外,为了确保管理工作的可靠性,新的管理工作内容必须按照过去的科学研究结果执行,而不是从事非程序性活动。这也是图书馆管理的一种重要方式。

(三)图书馆管理的职能

1. 计划。计划是一种有效的管理方式,旨在确保图书馆能够有效地应对变化的信息环境,并为其未来发展提供充足的资源和支持。它指导图书馆系统有序地实现其目标,使其能够更好地适应新的信息环境,从而获得更大的发展空间。计划是一种有效的资源配置方式,它可以帮助图书馆更好地应对未来的变化,通过有益的规划和安排,可以有效地减少未来的不确定性,并且可以按照设定的目标逐步推进,从而实现更高效的资源配置。

2. 组织。组织是一种有效的管理机制,它旨在建立一个有效的工作关系框架,以促使馆内成员们共同努力,达成图书馆的总体目标。这种框架包括一套完善的任务分配机制和汇报机制,以及一系列激励措施,以确保馆内成员们可以有效地达成图书馆的目标。图书馆的结构决定了它能否充分利用其资源优势,创作出丰富多彩的信息产品和提供优质的服务。

3. 领导。领导是一种重要的社会现象,它体现了人们之间的追随关系,并且具有深远的影响力。此外,领导行为也是一种重要的社会现象,它可以通过激励和鼓励群体成员来实现,从而促进社会的发展和进步。

企业管理者应该通过描绘一个清澈的远景来激发公司员工的兴趣,让他们意识到自身在完成图书馆任务中所扮演的角色。为了达到这一效果,企业管理者应该运用权力、社会影响、意愿、说服力和沟通技巧，协调个人和团队的行为，使他们的努力得到充分发挥和利用。

4.控制。控制是一种持续的行动，旨在通过不断地跟踪和修正，使目标朝着更加有效的方向发展，以达到预期的结果。

尽管图书馆希望能够达到预想的结果或绩效，但是由于实际活动受到许多变量因子的影响，每一次行动都可能会背离预期需求，进而使得一定效果或绩效难以实现，这是图书馆不愿见到的。为了有效地防止这种情况的发生，控制是必不可少的。通过实施有效的控制措施，管理人员可以在图书馆脱离预期目标之前就将其纳入正确的管理范围之内。

5.评价。评价是一项重要的管理工作，旨在通过对图书馆管理过程的全面检查、比较、分析、论证和总结，发现管理中存在的问题，并从中给出改善措施，以进一步提高水平，实现良性循环。在图书馆管理过程结束后，应当对其取得的成果和作用做出客观评估，以此为依据，吸取经验教训，为下一轮管理工作做出有力的指导，以提升图书馆管理水平。

第二节　图书馆管理思想

一、近代管理思想与理论

（一）古典管理理论

1.科学管理。泰勒（Frederick Winslow Taylor）是科学管理理论的开创者，被誉为“管理之父”，他首先明确提出了管理的定义，1911年推出《科学管理原理》一书，为科学管理理论的蓬勃发展做出了重要贡献。他认为，科学管理理论的核心目标是提升工作效率，其内容包含：制定规范化的流程、提供合适的工具和环境、确定合理的工作量、精挑细选和培训工人，使其掌握标准工作流程，实施差异化的工资制度，以及实施职能工长制度。

2.一般管理。法国人亨利·法约尔（Henri Fayol）对组织管理进行了系统研究，并且在1925年出版《工业管理与一般管理》一书，他指出了5种职能：策划、组织、指导、协同和控制，并且指出了14条一般管理基本原则，为管理工作提供了重要的理论指导。

3.管理组织。马克斯·韦伯（Maxi Weber）深入研究了社会组织原则，并创立了“合理的行政组织体系”学说，主张团体中员工相互之间的联系应当建立在不受个人情感干扰的基础上，以合理原则为导向，并且原则和纪律应当在所有情形下都能够得到有效执行。韦伯认为，一个合理的行政体系应该具备如下特征：明晰的社会组织结构，自上而下的等级分类；合理地招聘和使用人才；制定专业的管理政策；制定严密的规章，以确保行动的合理性；制定有效的行动准则，以确保行动的有效性。

（二）行为科学理论

20世纪20年代，行为科学理论开始流行，并成为管理学的重要组成部分。

行为科学是一门综合性学科，它以实验和观察的方法研究人类在自然和社会环境中的行为，以及个人和群体在工作环境中的行为。它不仅仅是一项理论，而且是一门深入探索人类行为的科学。

20世纪60年代，为了更好地理解行为科学，组织行为学应运而生，它将经济学中的行动科学研究分为三个层面：个体行为、团体行为和组织行为，以更加全面地探索行为的本质和规律。

1.个体行为理论。个体行为理论主要包括两大方面的内容：①人类的需要、动机和激发学说可以分成三类，即内涵型激发学说，如需求层次理论、双因素理论和成就激励理论；过程型激发学说，如预期学说和公平学说；行动转化型激发学说，如强化学说和归因学说；②企业发展中的人性学说可以分为X-Y学说和不成熟—成熟学说，它们都是有助于公司发展的重要理论。

2.团体行为理论。团体是一种复杂的社会结构,它包括正式、非正式、松散、合作和集体等因素。研究团体发展的各种因素,如目标、结构、规模、信息沟通和意见冲突理论,都是为了更好地理解团体的运作机制,并有效地实现团体的目标。

3.组织行为理论。组织行为理论涵盖了领导力、变革和发展三个方面,其中领导力又可以分为三大类:领袖个性学说、领导行为理论和领导权变理论,它们都是构建一个有效的组织结构的重要基础。

行为科学管理理论的出现和蓬勃发展是当今社会大生产蓬勃发展的必然结果,它将社会主义、心理学、人类学等多领域的理论知识结合起来,形成了一个全新的管理学派,为管理领域带来了前所未有的变革。

二、二战后的管理理论

(一)系统管理理论

系统管理理论流行于20世纪中期,代表人物是切斯特·巴纳德,他认为组织是一组相互联系和相互制约的要素按一定方式形成的整体,组织要想达到它的目标,各组成要素就要围绕组织目标开展活动,管理者要对各种要素加以协调,确保组织目标的实现。系统是动态的,会受到外界的影响,也会对外界产生作用。组织通过与环境之间的相互作用,不断调节自己的功能,以便更好地适应外界环境的变化。

(二)经验管理理论

经验管理理论主要是通过分析案例来研究管理,其代表人物是美国管理学家彼得·德鲁克。他将管理视为一种实践,充分强调管理的实施及其成果的重要性。而经验管理理论也就是将管理理论构筑在管理实践活动的基础之上,通过对典型案例的分析,掌握其所提供的实践经验,并将此作为解决管理过程中所出现问题的主要手段。这种强调理论与实践充分融合的管理理论,大多可以反映实践中所出现的各种情况,并注重对一般的规律性结论进行总结。它在管理学研究领域,特别是在管理学的教育领域产生了重要的影响,起到了积极的作用。

(三)决策管理理论

决策管理理论建立在社会系统学派理论基础之上,吸收了行为科学理论和系统理论,通过运用计算机技术和运筹学的方法得到进一步发展,具有较强的现实意义。

决策管理理论认为"管理是以决策为特征的,管理的本质就是决策"。其代表人物是赫伯特·西蒙(Herbert Alexander Simon),他特别强调决策在管理中的作用,甚至将决策等同于管理,认为决策是管理者所要担负的主要责任,并且决策工作也贯穿于管理工作的始终。他将决策分为程序化决策和非程序化决策两类,并将两类决策工作与组织结构对应及结合起来,组织中的上层机构解决的是非程序化问题,特别是一些关乎组织发展的重大问题,而下层机构解决的则是程序化问题,也就是较为一般的重复型组织事务。同时他还提出决策的过程可分为情报搜集和分析、设计活动、抉择活动和审查活动四个阶段。他认为最优决策的状态是无法达到的,只要能够做出足够好的决策就可以了。

(四)权变管理理论

权变管理理论是20世纪70年代形成的,也称为情境方法。简单地说,就是具体问题具体分析,找出解决问题的方法。权变管理理论否认存在最佳的、一成不变的管理方法,该理论认为方法的应用要根据环境的客观情况,不同的环境要采取不同的管理方法。权变管理理论重视对组织内部条件和外部环境的分析。

主要的权变变量有:组织规模、工作任务的常规性、环境的不确定性、员工的个人差异等。可以将组织的内、外部环境变化视为自变量,而相应的因变量则应该是管理者应对环境变化所采取的管理原则、方式、方法等。一般来说,组织的人员数量对管理者的工作具有主要影响,当组织规模扩展时,需要协调的问题也随之增多。工作任务的常规性与组织结构、领导风格、控制系统、员工素质有很大关系,常规性问题的解决方式与非常规性问题的解决方式截然不同。环境的不确定性的程度影响着管理过程,确定性环境下问题的解决可以依据一定的程序来进行,而不确定性环境下问题的解决则很难有一个统一的程序。员工的个人差异导致了管理中对人员鼓励手段的不同、授权范围的差别。

(五)经理角色管理理论

经理角色管理理论主要强调通过观察经理人员的管理工作情况来明确其管理工作的内容,进而摸索出经理人员在管理活动中的工作规律。这一理论以加拿大的管理学家亨利·明茨伯格为代表。在系统研究的基础上,他将经理人员,也就是管理者在工作中所扮演的角色分为三类:第一,人际关系方面的角色,包括组织首脑、联络者和领导人;第二,信息交流方面的角色,包括接受者、传播者和发言人;第三,决策方面的角色,包括企业家、资源分配者、故障排除者和谈判者。这样联系密切的几种角色构成了经理人员工作中的权利与义务。可以说,现实意义较强的经理角色管理理论,对于帮助人们认识和理解经理人员的工作性质与职能,提高他们工作的热情和效率,指导实务性管理工作都有着积极的作用和影响。

(六)管理科学理论

管理科学理论也称为运筹学或定量方法,主要是以系统的观点,利用大量的应用数学、统计学、计量学等定量研究方法,通过建立模型,寻求问题的最佳解决方法,来帮助管理者做出科学决策。

管理的定量方法一般从确定问题入手,建立数学模型,通过对数学模型的解答找出最优方案,进而对模型和方案进行验证和必要的修改,之后继续寻求控制方法，以保证最终方案的实施，管理科学理论最突出的贡献是在管理决策方面为决策的制定提出了许多科学方法，如线性规划、对策论、探索论等。

三、现代管理理论

（一）战略管理理论

1. 战略管理理论。包括：①定义明确的愿景和目标，确保所有行动都是朝着这些目标而进行的；②对内、外部环境进行分析和评估，及时发现机会和威胁；③制定可行的战略和计划，确保资源的有效利用和风险的最小化；④实施过程中充分考虑组织的资源、能力和文化，以确保战略的成功实施；⑤建立有效的绩效评估机制，及时调整和纠正战略执行过程中出现的问题；⑥维护良好的组织沟通和协作，确保战略的顺利推进；⑦持续改进，不断适应环境变化和市场需求的变化，不断优化组织的战略管理过程。

2. 战略管理思想的发展。战略管理思想应用于企业管理是从20世纪50年代开始，20世纪60~70年代进入高潮，20世纪70年代，战略管理形成一门独立的学科。其主要研究的是组织整体发展规划的问题，侧重于回答组织在竞争环境中如何适应环境的变化，如何获得竞争优势的问题，为组织的发展指明道路。

（1）适应环境原则：如政府、顾客、供货商、债权人、股东、员工、竞争者等。战略管理就是要在清楚这些环境因素的基础上，分析机会和挑战，并采取相应的措施。所以，有人说战略管理就是要实现企业与环境的和谐。

（2）全过程管理原则：许多企业也制定了发展战略，但忽视了战略实施，从而使战略管理成为纸上谈兵。

（3）全员参与原则：战略管理是全局性的，当然，在战略管理的不同阶段，员工的参与程度是不一样的。

（4）整体最优原则：整体最优原则体现在，在战略实施过程中，企业组织结构、企业文化、资源分配方法等的选择，取决于它们对战略实施的影响。在战略评价和控制过程中，战略管理更重视各个部门、单位对企业实际愿景、目标的贡献大小。

（二）全面质量管理理论

全面质量管理代表了一种与早期管理理论相反的观点。传统的观点认为，低成本是提高生产率、扩大市场的唯一途径，而全面质量管理理论则强调为用户提供最佳质量的产品，产品的成本降到了次要位置。这种理论认为，质量是能够系统而全面地反映企业各项工作进行情况的重要指标，提高产品质量的过程，也就是全方位管理企业各项工作的过程，通过系统化管理来全面提高产品的质量。全面质量管理强烈地关注顾客，坚持不断地改进，认为没有最好，只有更好。

全面质量管理不仅注重产品质量，还关注组织中所有工作、所有活动的质量。因为组织为顾客提供的产品和服务不仅与最终产品有关，也与组织中的每项工作都有联系，所以它要求改进组织中每项工作的质量。全面质量管理理论是一种倡导全员、全程的管理和控制，强调产品和工作质量共同提高的系统性管理理论。企业可以通过应用这种理论，在生产出高质量产品的同时，切实改善实际工作中各个环节的质量和效率，从而推动企业发展壮大。

（三）组织文化理论

组织文化的研究热潮始于20世纪80年代。组织文化是指由组织领导倡导的，全体员工共同遵守的，在组织中代代相传的文化传统、价值观念、道德规范、行为准则、管理制度、工作作风、历史传统、风俗习惯、典礼仪式的总和，它贯穿于组织的各个工作领域。这些共有的价值观在很大程度上决定了员工的看法及对周围世界的反映。每当遇到问题时，组织文化通过提供正确的途径来约束员工行为，并对问题进行概念化、分析和解决。

(四)知识管理理论

知识管理的理论与实践源于20世纪80年代初期,20世纪80年代末逐渐兴起,许多知识管理的项目开始实施。20世纪90年代末,知识管理进入了实用化阶段,开始广泛地应用于企业中。

知识管理就是通过把组织的信息处理能力、组织成员的创新能力、组织的文化和制度结合起来,提高组织的核心竞争力,增强组织对环境的适应能力。知识管理的一个重要方面就是建立学习型组织。这是一种以员工的组织向心力和创新能力为基础和依托的,倡导人性化柔性管理,扁平化的可持续性组织形式。学习型组织的核心在于解决问题和提升员工解决问题的能力:它以员工拥有共同目标、建立学习型团队和扁平化组织结构、提倡全员、全程学习、提倡员工自主管理以及领导者角色的重新定位等为基本特征。在学习型组织内,员工参与问题的识别,并且有权利、有能力对识别到的问题自主地提出并采取解决的措施,组织通过培养和提升员工的学习能力来获得和保持竞争优势。学习型组织建立的关键是组织文化,要求组织内部有对知识和学习价值的认可态度,有一个开放的信息环境,员工和管理层之间要相互信任。更重要的是,组织要将信息、知识、人才以及人才所拥有的技能确立为组织的首要资源。

第三节　图书馆管理原理

一、人本原理

(一)人本原理的概念

人本,一般的哲学含义是人的最根本属性。管理上的人本原理,就是以人为本来进行管理。人是有思想、有感情、有主动性、有创造力的一种复合体,管理者要想达到组织目标,他的一切管理活动都必须以人及人的积极性、自立性、创造性为核心和动力来进行。管理的本质就是激励、引导人们去实现预定的目标。管理作为一种特殊的社会活动,它的各项工作都是由人去实现的,它的各项内容、环节都需要人去掌握和推动。

现代管理理论认为,人应当始终处于管理的中心地位并发挥主导作用。因此,图书馆管理应立足于人,把人当作管理的主要对象及图书馆最重要的资源,确立以人为本的指导思想,鼓励员工参与管理。

(二)人本原理的思想

以人为本的管理思想就是通过做好人的工作来调动员工的积极性和创造性,以实现图书馆的目标。做好人的工作,关键是抓好人的思想,而了解人的思想又是一项十分复杂的工作,下面是关于人的特性的四种假设:

1.人体差异。人在许多方面都有一定的共性,但是世界上的人千差万别,都有自己的个性。人与人之间有诸多方面的不同,犹如人们的指纹千差万别一样,同样是人,但人人各异。

个体差异的思想源于哲学,每个人从出生以来就和别人迥然不同,之后不同的生活经历使得这种差异更加明显。个体差异的存在意味着要做好人的工作,最大限度地激励他们,就必须区别对待他们。在图书馆管理中,个体差异要求对待每一个图书馆员工要做到公正合理,不可以千篇一律,要区别对待。

2.完整的人。任何组织都是由多种多样、职能不同的职位组成的,这些职位需要知识、能力和特长各不相同的人去担任,也就是说这些职位只希望“雇佣”一个人的头脑和技能,但实际上“雇佣”到的却是一个完整的人,而不是个别功能。

人的不同特性可以分别加以研究,但是,归根到底,各个特性只是构成完整的人的一个部分。人的技能同他的知识和背景分不开,业余生活不可能完全脱离工作,感性因素与生理因素分不开,人是作为一个完整的人而发挥作用。所以,在图书馆的管理中,不能单单局限于一个人的某一个方面,要将其作为一个“完整的人”来看待,不能忽视他的知识背景、生活习惯等方面。

3.行为诱因。人的正常行为都有其一定的原因,这是心理学的观点。人的行为同他的需求有关,或者还同该行为将导致的后果有关。从需求的角度来说,人的行为是受他自己的需求激励,而不是受旁人需求的影响。对于旁观者来说,一个人的需求也许是离奇且不现实的,但是对这个人来讲,这些需求却是很正常不过的。

在图书馆管理中,管理者可以向图书馆员工提示什么样的行为能够增加满足感,如果不按既定的方式办事,他的需求是不可能得到满足的。

4.人的价值观。人的价值观这一概念同个体差异、完整的人和行为诱因三个处于不同的层次。价值观是一种道德观念而不是科学结论,人不同于其他生产要素,人是希望得到尊重和尊严的,而且也应该如此。

每项工作不论轻重,都代表着从事这项工作的人的独特气质与才能。由于图书馆的管理活动总是要涉及人,所以道德观念就是用这样或那样的方式影响着每个人的行为,人不可能也不应该脱离自己的价值观而做出任何决策。

(三)人本原理的原则

1.能级原则。现代管理认为,单位和个人都具有一定的能量,并且可以按照能量的大小顺序排列,形成管理的能级,就像原子中电子的能级一样。在管理系统中,建立一套合理能级,根据单位和个人能量的大小安排其工作,发挥不同能级的能量,保证结构的稳定性和管理的有效性,这就是能级原则。管理意义上的能级表示的是个体的能力。这种能力的大小主要取决于人在先天素质基础上的后天习得,是专业知识、技能、个人的道德品质、价值观乃至气质、身体条件等因素的总和。

管理能级原则是指根据管理的功能把管理系统分成不同的能级,把相应的管理内容和管理者分配到相应的能级中去,建立管理的层次和秩序,同时建立各种标准和规范，形成严格的组织网络体系，使管理活动有效进行。现代图书馆管理的任务就是要建立合理的能级，实行合理而有序的图书馆优化管理。

（1）图书馆管理的能级必须按层次具有稳定的组织形态：一般情况下，稳定的组织形态是呈三角形的管理结构，这种三角结构在图书馆管理中通常分为四个层次：最高层是图书馆的最高领导层，负责确定大政方针；第二层是图书馆管理层，是利用各种管理技术以实现上一层的决策；第三层是图书馆执行层，执行管理指令，直接调动和组织人、财、物等；最底层是图书馆各岗位的操作人员，负责完成各项具体任务。

（2）图书馆管理的不同能级具有不同权利、责任：不同能级应具有不同的权利、职责、物质利益和精神荣誉。在管理中应该是在其位谋其政，做好本职工作，要将工作动力与压力结合起来。

（3）图书馆管理的能级必须动态地适应调整：现代管理必须使具有相应才能的人得以处于相应能级的岗位上，这叫人尽其才，各尽所能。人的能力是不断发展、变化的，所以，必须使得各个人按其能力变化，不断地在相对稳定的管理层级中，能够横向迁移和纵向升降，动态地实现能级对应，发挥最佳的管理效能。

2. 动力原则。任何事物的运动都必须有动力，动力越大，运动越快。管理动力包含着两个相互联系的问题，即动力源和相应的动力机制。对组织内部的个人来说，管理的动力源是指从事管理活动中的人可能产生的种种需求，管理的动力机制是指一种确定的刺激、引发、导向、制约动力源的条件机制。一般来说，图书馆管理动力有三种相互联系的基本类型，从动力源的角度来说，有物质动力和精神动力；从动力机制的角度来说有信息动力。

（1）物质动力：物质动力是直接以图书馆员工物质性需求为动力源，它是一种根本动力，是现代管理的有效杠杆。物质动力不仅是物质鼓励，更重要的是讲效益。效益是检查管理实践的标准，是现代管理的灵魂。图书馆的管理效益主要指社会效益和经济效益。但是，物质动力，尤其是物质刺激并不是万能的,运用不当就会产生副作用,因此还需要充分发挥另外两种动力的作用。

(2)精神动力:精神动力直接源于人类的精神需要,通常所说的精神动力主要是指理想教育、事业心,包括日常的思想政治工作和精神鼓励等。管理是人的活动,人在精神方面有需求,就会产生精神动力。精神动力不仅可以弥补物质动力的不足,而且本身就具有巨大的威力。

图书馆管理者要善于通过思想政治工作发掘出人们的精神动力,但不能把精神动力当作是唯一的动力,否则会挫伤人们的积极性,不仅达不到预期目的,相反还会产生不良后果。

(3)信息动力:从管理的角度看,信息作为一种动力具有超越物质和精神的相对独立性。物质动力、精神动力的引发需要有关信息的提供和获得。通常把信息被获知而产生出个体、集体、社会的某种定向行为活动称为信息动力。

能够产生动力的信息所涵盖的范围是非常广泛的,如知识、情报资料、消息、数据,甚至个人作风、爱好、志趣、好奇心、口气、眼色等。在向图书馆员工提供引发其行为活动并导向其行为抉择的信息时,要注意如下几点:首先信息量必须适度;其次,信息必须明确,不能有多重含义,更不能相互矛盾;最后,必须是符合图书馆组织目标、符合管理活动目的的信息。如果在运用信息动力时,不注意信息量适度和信息内容的准确性,就必然会造成判断失误和管理混乱。

二、系统原理

(一)系统原理概述

1.系统原理的概念。系统原理是系统学中的一个概念,用来描述系统的一些基本特征和行为规律。系统原理具有如下几个概念。

边界:系统的外部和内部有所不同,边界是系统和环境之间的分界线。

环境:系统所处的外部环境,它对系统的运作和发展都有着深刻的影响。

组成和互动:系统是由各种元素组成的,这些元素之间的相互作用形成系统的运作机制。

反馈:系统中的信息反馈是调节系统稳定性和自适应能力的重要手段。

目标和控制:系统应该有明确的目标,可以通过控制系统的运作来达到这些目标。

非线性:系统的行为不一定是线性的,因为系统中的元素之间可能存在复杂的相互作用。

系统原理是系统学的基础和核心概念,它可以被广泛应用于各种领域的研究和实践中,包括管理、工程、生态学、社会学等。

2.系统的基本特征。

(1)整体性:整体性是系统最重要的特征,是系统的基本性质。系统是由众多独立要素有机结合构成的一个整体,各要素的独立机能和彼此之间的有机联系必须统一和协调于系统的整体之中,系统各要素的功能都必须服从和服务于整体功能的实现。

(2)集合性:系统是由若干相互区别的要素所组成的,这些要素间必然存在着某种紧密的联系,形成系统结构并产生系统功能。因此,在对系统进行研究分析时,一定要明确它的构成。

(3)相关性:组成系统的各要素是相互联系而又相互作用的。如果某一要素发生了变化,则与之相关联的其他要素也应相应地改变和调整,才能保持系统整体的最优状态。

(4)目的性:系统通常都具有明确的整体目的,系统的目的决定了系统活动的整体方向,决定了系统结构、方式、运动和功能的标准。

(5)环境适应性:这里的环境指的是系统外界的环境。任何系统都存在于一定的环境之中,环境也可以看作是一种更高级、更复杂的系统,在某些情况下能限制系统能力的发挥。因此,系统需要具备一定的环境适应性,来求得生存与发展。

3.系统原理的基本思想。系统内诸要素的性质必然满足该系统存在的一切条件。现代管理的每一要素都不是孤立存在的,而是具有系统的整体性质。系统的整体目标规定要素的根本性质以及它的存在和发展;同时,要素又随着管理系统的开放而同外界环境及其他系统发生着各种形式的传递和交换,表现为一种相互制约、相互促进的动态相关图景。因此,现代管理强调运用系统理论,组织系统活动,从整体上把握系统运行规律,对管理各方面的问题进行系统分析和综合,并在其运行的过程中,依据其活动的状态和环境的变化,运用系统的方法调节、控制系统的运行,以实现管理的最优目标,发挥其最大功能。

(二)系统原理的具体化

系统原理的作用就在于从客观上认识和把握这些客观规律,保证管理的科学性,在图书馆的管理过程中,系统原理可以具体化为整分合原则和相对封闭原则。

1.整分合原则。整分合原则是指为了实现高效率管理,必须在整体规划下明确分工,在分工基础上进行有效的综合。现代管理活动必须从系统原理出发,把一切管理对象和问题看作一个复杂的社会目的组织系统。首先,从整体上把握系统的环境,分析系统的整体性质、功能,确定出总体目标;其次,围绕着总目标,进行多方面的合理分解、分工,以构成系统的结构与体系;最后,在分工之后,要对各要素、环节、部分及其活动进行系统综合,协调管理,形成合理的系统流通构成,以实现总目标。

在图书馆管理中,图书馆的一切工作是按一定的渠道有序进行的,这种有序性决定了系统的各子系统处于不同位置,形成相对独立的不同层次。在这样的环境下,图书馆管理者的责任,是要从整体要求出发,根据系统的有序性对图书馆系统进行科学分解,在分解的基础上制定出各子系统的工作规范。

2.相对封闭原则。图书馆的有效的管理要求其处于动态封闭状态。管理的封闭，从空间上讲是相对的，因为管理对象是一个开放系统，它受环境影响，同时也影响环境；从时间上讲是发展的，因为管理本身就具有动态性。一成不变的封闭是没有的，有效的管理要求不断用新的封闭来取代旧的封闭以适应环境，提高系统功效。

三、动态原理

（一）动态原理概述

1. 系统的动态性特征。

（1）系统的要素随时间的变化而变化：在系统的管理过程中，管理者随着年龄的增长，其分析能力、判断能力、管理经验都在变化。以图书馆读者服务为例，在管理过程中，读者流动始终处于动态变化之中，读者的结构在不同的时间点上完全不同。图书馆中的文献信息也有类似读者的流动特点，这种流动称为信息流。图书馆的人流、物流、信息流可称为图书馆三大流动体系，它们是系统的动态性特征在图书馆管理中的集中体现。

（2）系统与环境的相互作用：按照系统论的观点，任何系统都处在一定的环境变化之中。系统要想发展就必须适应环境的变化，当环境随着时空变化时，系统也必须随之变化。

图书馆系统必须要与它所处的环境相适应，要服从于当时、当地的经济和政治环境，按照当地的文化特色开展相关服务，要适应当地的环境发展，否则图书馆将难以生存。

（3）系统中单一要素的连锁反应：系统中某个要素的变化会引起其他要素的同时变化，即连锁反应。这是因为系统各要素之间的关系是相互联系、相互制约的动态相关关系，任何系统向前发展的根本原因就在于系统内部诸要素的动态相关性。

在图书馆管理的实践过程中，图书馆管理系统内部诸要素的动态相关以及本系统与其他相关系统之间的相互作用、相互反馈会有因果连锁关系。这是因为,其中一种因素的变化一定会影响本系统整体的发展。如图书馆的经费变化会直接影响图书馆的人流、信息流甚至物流等。因此,管理者应自觉地考虑到这些相互作用及其产生的结果。

2. 动态原理概念。系统具有动态性特征,在对系统进行管理时必须注重系统的发展、变化以及系统内部诸要素之间的连锁关系,并在管理过程中不断进行反馈,在管理的各个环节尤其是关键环节留有余地,以确保管理目标的实现,这个原理就是管理的动态原理。

动态原理的实质就是由系统的动态性特征决定管理的灵活机动和留有余地,以使管理具有强有力的应变措施,保证目标的实现。动态原理既要求管理者进行动态管理,又要求管理者讲求效率。因此,作为图书馆的管理者,在坚持动态原理时应注意观察系统随时空变化的特征,同时采取相应的应变对策,以达到以较高的效率实现管理目标的目的。

(二)动态原理的应用

在现代管理过程中运用动态原理,要求管理者必须不断创新,以使管理系统和变化的外部环境相适应,要求管理系统必须具有弹性,即要求管理的各个环节留有余地,尤其是关键环节,要使整个管理系统具有可塑性和应变力。管理系统整体留有的余地叫整体弹性,其目的就是调节系统与环境之间的关系,以适应环境的变化;管理系统的各个环节或子系统留有的余地叫局部弹性,其目的是使管理系统的结构始终处于动态协调之中确保系统功能的实现。

1. 局部弹性。图书馆在制订工作计划,实行定额管理或者安排人力时,就要留有余地。做到从宏观上进行控制,微观上搞活。因为图书馆的各项活动不仅与图书馆投入的人力、财力、物力有关,而且很大程度上取决于专业人员的业务水平、主动精神和创造精神。管理得过多过死,必然缺乏活力。

2. 整体弹性。一个管理系统的整体弹性,标志着系统的可塑性或适应能力。一个图书馆要求取得整体弹性,主要从两方面考虑,如下。

(1)统一学术性和服务性:图书馆不能停留在传统的、简单的、低水平的一般服务性工作上,而应千方百计地使它向深度和广度开拓。同时,要加强学术性研究工作,注意发挥理论联系实际,理论对实践的指导作用。

(2)重视智力投资,提高专业人员的素质:图书馆是一个知识汇集的场所,一般来说,一个人具有良好的知识结构,适应性就强,在图书馆事业中就能取得好成绩。如果图书馆中的专业人员专业面窄、知识浅薄,就会使这个馆的整体弹性下降,不利于开展工作,特别是不利于开展参考咨询、情报研究和现代技术等要求较高的工作。因此,图书馆的专业人员和管理人员都需要不断学习,变“一次性教育”为“终身教育”。图书馆要把专业人员的在职教育作为提高本馆整体弹性的重要措施,着力建设具有强大弹性的整体知识结构。

第四节　图书馆管理发展

一、古代图书馆管理

(一)古代中国的图书馆管理

1.政府藏书。古代中国的图书管理出现得很早,河南安阳出土的殷商甲骨证明了早在商朝就有了较大规模的有序化的文献收藏。后来在西周时期,政府设置了多种执掌不同文献的官职,分别掌管中央政府的文书、档案等。史书上也记载老子曾经“守藏室之史”。到了秦汉时期,秦朝是御史大夫执掌政府书籍。西汉年间,政府多次举行大规模的图书征集活动,并设有多处专门的藏书之所。东汉年间,经过多次变化,最终确定了秘书监作为国家正式的图书管理机构,以后历代大多相袭,只是在名称上略有变化,或在此基础上增加新的藏书机构。

除了中央和地方政府的藏书之外,属于政府藏书的还有藩府藏书以及前期以太学,中、后期以国子监为代表的学校系统藏书。学校系统藏书又称书院藏书,宋代之后,随着科举制度的普及与规范,各地书院大多有数量不等的藏书,形成一个庞大的藏书体系。

2. 私人藏书。在官府藏书和书院藏书之外,更多的是私人藏书。我国的私人藏书传统源远流长,从春秋时期孔子晚年整理六经的过程来看,孔子当有一定数量的参考藏书。春秋时期,私学发达,百家争鸣,办教育想必也应有相应的图书收藏。到了汉代,私人藏书在史书上已经有明确记载。雕版印刷和活字印刷术发明之后,图书生产变得规模化、社会化,书在民间的流通更为广泛,私人藏书进入一个大发展时期。尤其是明清的江南地区,由于社会经济比较发达,文化传统浓厚,民间私人藏书大家不胜枚举,如宁波的天一阁延续几百年而不辍。

3. 寺院藏书。寺院宫观藏书与普通官府、书院、私人藏书相比多了一个供奉与顶礼膜拜的功能。中国自有寺院起,就有相应的经书收藏。寺院宫观藏书,除了收藏本宗教的经书之外,还有目的地收藏一些其他宗教经书和普通图书,这也是寺院宫观藏书的一大特色。此外,寺院宫观藏书在记录、整理图书方面也极具特色。

4. 藏书的整理。

(1)校书活动:藏书的目的是使用,要使用就要加以整理。汉朝建立后,针对政府藏书进行了数次大规模的整理活动,并形成了不同的成果,尤其是汉成帝时刘向、刘歆父子的校书活动,最终完成了中国历史上第一部综合性的群书目录——《别录》和第一部综合性的群书分类目录——《七略》。自此之后,各种类型的公、私藏书目录,据不完全统计,在整个封建时代大约有数百部之多,内容涉及各个方面。

(2)图书著录:图书著录是中国古代图书整理、加工过程中较为有特色的一项工作。其对于图书外在特征的揭示,突出强调书名、卷帙、作者、时代等内容;对于图书内容特征的揭示,则有解题、注释等,其根据解题的写作方式和取材角度,又分为叙录、传录和辑录三种;对于同一类书的揭示,则有小序之类。

(3)图书分类:在古代的图书整理中,大多是按照分类进行排列的。最开始的时候以文体形式,根据“风、雅、颂”对图书进行分类。之后出现了以《七略》为代表的七分法和《隋书·经籍志》为代表的四分法体系。

(二)古代西方的图书馆管理

1. 古代西方早期的图书馆。西方早期的图书馆建立者一般为王室,管理者多为学者,馆藏内容多为世俗性图书。

古埃及有名的尼尼微图书馆就是亚述巴尼拔国王建立的,收藏的文书内容广泛,包括众多文学作品、医学原典和其他科学著作等。后来的亚历山大图书馆的建立应该归功于埃及国王托勒密一世,该馆建立后,国王经常派人到各地高价购买图书,此外,他们还借来不少书籍抄成复本。亚历山大图书馆的藏书十分丰富,不仅收藏古希腊的几乎全部重要文献,还收藏有其他各国的学术作品。另外,与亚历山大同时期的帕加马图书馆是国王阿塔罗斯一世开始建造的。

西方早期的图书馆在整理、编目上已开始了探索。亚述王国图书馆所藏的泥版文书都是按不同主题排列的,在收藏室的门旁和附近的墙壁上注有泥版文书的目录。对篇幅较大的泥版文书还做一些简单叙述,有的还摘录了书中重要部分。

在古罗马,早期的图书馆员的地位是比较低的,但随着图书馆的增多,馆员的地位逐渐提高,分工趋于专业化,出现了馆长、馆员、副馆员、助理馆员之类的等级,这些馆员除了从事图书的采购、修补、摘录、排列等工作外,有的还从事抄写或翻译工作。女性馆员在这一时期也开始出现。

2. 中世纪之后的图书馆。12 世纪开始,在欧洲出现了大学。宗教改革后,修道院及其图书馆每况愈下,而大学图书馆则呈现欣欣向荣之势。早期大学图书馆不供流通的书大部分都用锁链系在书桌上。图书馆的目录,有的按著者或标题的字母顺序排列。借书规则也不一致，大部分只能在馆内阅读，有时学生可借出一些书，但多半需要交纳保证金。在早期的大学图书馆里，没有出现专业的图书馆馆员，管理图书的人员一般是水平较低的人员或是学生。

文艺复兴推动了学术的发展，造纸术与印刷术的西传以及二者的结合，把图书馆事业推向新的阶段，活字印刷术的发明和推广，将图书的管理和生产分隔开来。廉价的印刷书籍大量出版，使一般市民阶层更容易买到书，图书开始由社会上层进入中下层，同时，也使图书馆的藏书以空前的速度增加。馆藏的膨胀给图书管理带来了种种问题，之前的分类标准不再适用，图书的著录要求科学化、标准化，这使得各种不同类型的目录编制被提上了日程。图书馆建筑也发生了很大的变化，铁链加锁的图书看不见了，台式的书架逐渐被墙壁式书架所取代，直至最后出现了书库。在时代的要求下，图书的管理工作逐渐职业化，出现了掌握图书知识的专业人员，同时也产生了初期的图书馆理论，为即将诞生的一门崭新学科——图书馆学奠定了基础。

二、近代图书馆管理

（一）近代中国的图书馆管理

1.教会图书馆。近代西方传教士在中国建立的教会图书馆，与中国传统的藏书楼相比，大多具备了开放或半开放的特点，馆藏丰富、馆舍先进，对当时的中国传统藏书楼起到了示范作用。在管理方面，更是远远走在时代的前列。如在分类方面，早在杜威分类法被正式介绍进中国之前，亚洲文会北中国支会图书馆和圣约翰大学图书馆即已经开始使用，同时编有卡片目录，除书名、著者之外，还有分类索引、子目篇和分析篇；以收藏中国古籍和中文译著为主的格致书院藏书楼的分类体系也很有特色，其对旧籍采用四部分类法，新书则用自编的三十六类分类法。这种区别处理新、旧图书的做法与当今图书馆古籍与新书分开管理的思路是一脉相承的。近代教会图书馆的建立，向中国知识界传达了新式图书馆的观念，指明了中国图书馆事业的发展方向，其所起到的启蒙、示范作用是不容低估的。

2. 新式图书馆的建立。19世纪90年代，林则徐、魏源等人在其著作中不同程度提到了英、美等国的图书馆。郑观应等人将兴建新型图书馆提到了救国救民的高度，并提出了以官办为主、对全社会开放的具体主张。在这之后，康有为、梁启超等人都有过宣传及创办、管理新式图书馆、编制目录、提出新的分类体系的经历。

辛亥革命前后大量出现的各种类型的新型图书馆，奠定了中国图书馆事业的基础。新型图书馆的运作与管理实践，开启了中国当代图书馆管理理论探索与实践之门。总体来说，这个阶段的图书馆管理基本上还处于摸索、模仿、翻译、介绍、探索阶段，但也进行了较为系统的思考和革新。民国建立后，中央各部和各省都相继制定了图书馆管理章程和规则，北平（北京）等地成立地方性图书馆协会等。这一切都可以说是中国图书馆界自觉进行图书馆管理的早期形态。

（二）近代西方的图书馆管理

17世纪中期英国资产阶级革命揭开了世界近代史的序幕。工业革命促进了印刷工艺的重大变革，机械印刷的图书潮水般地涌向市场，知识为越来越多的人所掌握，人们开始重视各种科学技术、自然科学的研究。在这样的社会背景之下，图书馆仅仅收集图书已经不能适应时代的要求，对于相关藏书，必须进行系统的组织和科学的管理，图书馆管理的要求也随之提高，图书馆事业也出现了新的变化。

1. 图书馆事业由封闭走向开放。之前的图书馆一直是为社会上层服务的，服务对象仅限于皇室、贵族、上层知识分子，一般的平民无缘利用图书馆。近代工业革命使人口迅速向新兴的工业城镇集中，公共图书馆逐步兴起。1850年2月，英国议会下院通过《公共图书馆法》，允许人口达到1万人以上的城镇建立公共图书馆，经费从地方税收中支出，建馆后免费对纳税人开放。

自此以后，公共图书馆建设之风渐盛，图书馆也一改过去专为统治阶级服务的职能，把视野投向了平民百姓。

2.有计划、有组织的新书采购工作。中世纪的图书馆，补充馆藏时很少有计划性，收集图书的途径主要是接受私人捐赠、王室四处收集及通过战争掠夺这几种方式；收集图书一般追求珍本、善本；在馆藏上追求多多益善，缺乏整体的统筹规划。到了17～18世纪，各门学科日新月异，这种随心所欲式地收集图书显然不能满足时代的要求和现实的需要，馆藏建设逐步走向有计划和有组织。

3.书目工作进展迅速。图书的剧增，馆藏的膨胀，对图书整理工作提出了新的要求。帕尼齐曾制定了有名的91条著录条例，强调必须要有科学的著录规则，目录一定要严格按照著录规则加以编制，如果没有统一的著录条例，那么系统地整理图书，并对其进行妥善的保管和充分的利用则无从谈起。这91条著录条例在之后的100多年里成为世界上不少国家的著录原则，直到1961年10月在巴黎召开的国际编目原则会议，仍遵守91条的基本精神。

4.图书馆的内部管理使其方便读者。近代以前，由于图书数量少，制作不易，对图书的出借有十分严格的限制，读者不能够在馆内阅览，而是需要提前把自己的要求告诉图书馆，然后办理一定的借书手续，借书时间也很有限，出借书籍还需缴纳相当数目的押金，十分不便。据此，莱布尼茨提出，图书馆要给读者提供方便，要尽可能延长开馆时间，不要给图书出借规定太多的限制。德国格廷根大学图书馆实施了这一理论，制定了对读者十分方便的各种制度，比如除星期六外，每天开馆10小时，学生可以一次借到10～12册图书等。

5.图书馆建筑迈向近代化。英国不列颠图书馆率先打破传统图书馆的建筑结构，采用铁制骨架结构的建筑，把阅览、收藏分开。圆顶阅览室建成后，高达35米，大厅直径达42米，可以摆设近500个读者座位，是当时世界上座位最多的阅览室。阅览室的中心是服务台，服务台的周围是目录柜，读者座位围绕着目录柜，阅览室的外围是书库，书库首次使用了铁制书架，并将两排书架背靠背地并排起来。这种双面书架的书库结构直到目前仍为很多图书馆所采用。

在这个时期，出现了一批具有丰富实践经验的图书馆管理者，如诺代和莱布尼茨，他们的经验和思想为现在图书馆管理科学的建立奠定了基础。

三、现代图书馆管理

（一）现代中国的图书馆管理

1.1949年以前。1919—1949年的30年里，中国图书馆事业的最大成就是一批图书馆学者如沈祖荣、杜定友、刘国钧、李小缘等学成归国，投身图书馆事业之中，从事图书馆学教育，培养图书馆事业的新型人才。

1917年，沈祖荣等人在全国大力宣传"新图书馆运动"，这对中国现代图书馆学和图书馆事业的发展意义重大。

1920年3月，武昌文华大学图书科成立，成为中国第一个现代图书馆人才的培养机构。

1922年3月，杜定友在广州创办图书馆管理员养成所。此外，还有金陵大学等一些单位陆续开办了有关图书馆人才的培养与训练机构。

1925年4月，在各地成立省、市级图书馆协会的基础上，中华图书馆协会在上海成立，极大地规范和促进了中国图书馆事业的发展。各地图书馆协会办有多种图书馆学刊物，繁荣了图书馆学研究。此外，中国图书馆界还积极开展国际间交流，除不断派出留学生出国学习之外，还邀请国外学者来华交流。

2.1949年至20世纪末。新中国建立之后，中国的图书馆事业有了质的飞跃。反映在图书馆管理方面，主要表现在：新中国成立初期，图书馆界批判了欧美图书馆管理理论，引进了苏联的图书馆管理理论，对当时中国的图书馆管理实践进行了一些探讨。国家有关部门也颁布了一系列相关法令、法规。1958年，北京大学和武汉大学图书馆学系还相继开设了"图书馆工作组织"和

“图书馆行政”课程。但从总体来看，这一时期的图书馆管理并不是当时图书馆学关注的重点，整体研究水平不高。

改革开放之后，中国的图书馆事业进入蓬勃发展时期。随着社会对图书馆管理要求的不断提高以及图书馆自身所面临的内、外环境的不断变化，尤其是传统图书馆在向数字图书馆转变的过程中，图书馆管理理论的研究日益受到重视，开始进入飞速发展阶段。图书馆管理理论和实践随着时代的发展，也不断被注入新的内容。

3.21世纪。进入21世纪之后，中国的经济飞速发展，图书馆事业也进入了繁荣发展的新时期。尤其近年来，随着国际化进程不断加快，国内图书馆与国外同仁的联系和交流不断深入，为中国的图书馆事业建设提供了先进的管理理念和方法，极大地促进了中国图书馆事业的发展。

随着互联网、计算机的发展和技术的成熟，人类社会迈进了信息时代，图书馆从传统纸质形态进入了现代数字图书馆管理时代。迅猛发展的高科技技术对其业务的影响显而易见：在文献体系方面，各类型数字化文献的增长，极大地带动了图书馆数字化资源的建设；在知识组织整理方面，促进了机读目录格式和元数据格式等编目技术的应用；在文献检索服务方面，实现了面向图书馆终端用户检索的方式；在图书馆管理方面，引导了集成化图书馆自动化系统的应用。现代化技术在图书馆工作中的应用，几乎改变了图书馆管理的所有方面，图书馆的服务效率和服务质量都得到了极大的提高。

（二）现代西方的图书馆管理

20世纪以来，尤其是第二次世界大战结束以后，新技术革命以方兴未艾之势冲击着全世界的图书馆事业。图书馆从传统转为现代，对外开放的程度越来越高，成为充满活力的社会服务机构，其类型、职能、建筑、设计等方面都发生了许多新的变化。

1. 重视现代化手段的运用与网络服务。随着科技、文化的发展，出版物的数量急剧增加，导致图书馆馆藏激增，图书馆的传统工作受到很大的冲击。读者越来越强烈地要求入藏的图书资料能迅速得到整合处理，这就促进了现代信息处理技术在图书馆各领域中的广泛应用。图书馆在采购、编目、检索、出借等工作环节中逐渐放弃了传统的工作方法，采用机械化、自动化等手段。

美国国会图书馆从20世纪60年代中期起，开发了计算机可以阅读的编目格式（MARC）来对馆藏进行高效率的书目管理，并向国内外发行。同时，计算机技术也被广泛应用于处理二次文献，到20世纪70年代初，大型的商业化二次文献数据库已经相当普遍，很多图书馆都开始向用户提供这种数据库的检索服务。随着计算机技术的发展，光盘技术、联机目录、集成化的图书馆管理系统等新技术在图书馆领域得到广泛应用，彻底改变了图书馆的传统形态。如新加坡公共图书馆从2000年开始普遍实行了读者自助服务，所有图书馆均有自动借还设施。这种全自助式的现代化手段的运用不仅培养了市民的信息素养，也使读者通过各类自助设施掌握了利用图书馆的方法。

2.图书馆管理更加注重读者服务。苏联图书馆根据读者的不同兴趣、不同年龄和不同职业，经常组织不同形式的读者座谈会，为读者制订个人阅读计划，帮助读者挑选图书，及时把读者感兴趣的新书选出来并通知他们，广泛采用开架制，举办图书展览、文艺晚会和讨论会，组织读者同作者见面、送书上门等活动。

美国国会于1956年通过了《图书馆服务法》，要求将公共图书馆服务扩大到乡村地区。美国的公共图书馆服务范围已扩大到残疾人、少数民族、退休中心、地段医院、监狱等处，甚至还在超级市场开设分馆。出借的内容十分丰富，除了图书之外，也出借音乐资料、录音磁带、电影录像、名画摹本等。出借方式则普遍采用开架式，使读者能直接接触大部分馆藏。

西方许多公共图书馆实行无证或免费进入图书馆，进行文献资源的使用。并且在日常工作中注重工作细节，处处体现人性化服务。

3.馆际间合作加强。从20世纪初到20世纪中叶，很多图书馆都开展了以编制联合目录、馆际互借为内容的合作，有些图书馆还开展了联合采购。

国际图书馆协会联合会早在1936年就制定了国际互借规则以及统一的借书格式,免去了烦琐的手续。这一规则对推动国际间的图书互借起到了促进作用,世界上许多国家都以法律形式保证按照国际图联所制定的规则办理图书国际互借。

21世纪计算机、网络、通信技术的快速发展,使得图书馆网络发挥了更加有效的作用。例如,美国、加拿大等国合作实现北美地区的资源共享。其内容主要包括以下几个方面:馆际互借与全文传递、共享流通系统、资源建设合作、联合编目、专门技术等。资源共享的目标是所有的图书馆、所有的读者、无论是在现场或是远程都可以方便地利用资源。

4.注重图书馆人力资源管理。西方现代图书馆管理要求建立科学用人机制,实行馆员资格认证制度,高度重视图书馆人力资源管理。人力资源管理在图书馆领域中非常重要。以下是一些注重图书馆人力资源管理的技巧:①招聘。确保图书馆中有最好的人才,这需要引入良好的求职流程,并将工作机会广泛宣传;②培训和发展。拥有一个能够不断学习和发展的员工队伍非常重要,这也有助于提高他们的能力;③绩效评估和激励。评估员工表现和工作成果,制定适当激励措施,以激发他们的积极性;④建立良好的沟通机制。给员工一个表达自己意见和想法的机会,并确保他们知道自己如何为团队和图书馆做出贡献。创造积极的工作环境:确保员工在一个积极的工作环境中工作,这将帮助他们保持专注和投入,并保证他们从事高质量的工作。这些技巧可以优化图书馆人力资源管理,吸引最佳的人才,提高员工能力,增强沟通,并创造一个积极的工作环境。

5.图书馆依据法律法规进行科学管理。图书馆依据法律法规进行科学管理是非常必要的。以下是一些建议:①建立合规性管理体系。制定并实施符合国家法律和法规的政策、准则和程序,确保图书馆的各个方面都符合法律法规的要求。加强法律意识教育:向工作人员提供相关法律法规的知识培训,让他们了解相关法律法规的要求以及责任和义务;②健全制度建设。制定完善的工作制度和规章制度,确保图书馆各项制度与国家法律法规相符;

③审查合同和协议。审查与图书馆有关的合同和协议,保证合同和协议符合法律法规;④优化管理流程。优化图书馆各项管理流程,确保管理流程的合法性和科学性。重视法律法规,加强知识和体系建设,健全制度并优化工作流程,这些都是图书馆依据法律法规进行科学管理的关键。这样可以确保图书馆的工作与国家法律法规相符,提高管理水平,保证服务质量。

第二章　图书馆知识与战略管理

第一节　图书馆知识管理概述

一、图书馆知识管理概念

（一）知识管理概念

知识管理是指通过制定系统性的方法，对组织的资产（包括知识、经验等）进行管理和应用，从而为组织的目标和战略提供支持。简而言之，知识管理是帮助组织合理利用和管理知识资源的一种方法。

知识管理涉及知识的获取、组织、共享和应用，其目的是帮助组织更好地开展工作和创新，提高绩效和竞争力。知识管理包括以下几个方面。

1. 知识获取。这是指识别和收集组织内和外部的知识和信息资源。

2. 知识组织。这是指对组织内的知识资产进行组织、分类、标记和存储，以便更好地推广和应用。

3. 知识共享。这是指让组织内的成员共享知识和信息，包括通过内部讨论、会议、培训等形式进行知识共享。

4. 知识应用。这是指将获取的知识应用于组织的业务领域，包括产品研发、市场营销、生产管理等。

知识管理的目标是提高组织的竞争力和创新能力，使组织在市场竞争中保持优势。通过有效的知识管理，组织可以更好地利用其知识和信息资产，为组织的目标和战略提供支持和保障。

（二）图书馆的知识管理

1.图书馆知识管理的定义。图书馆知识管理要求运用现代信息技术和现代管理方法，对图书馆的各个环节进行改造和完善，最大限度地实现知识和信息的传播、交流、生产、利用。知识管理搭建了一个信息与信息、信息与活动、信息与人的桥梁，形成了一个庞大的知识网络和一个有机的信息集合体，以实现知识共享、知识创新和知识增值，促进信息处理能力与信息使用者的创新能力相结合，进而增进其应变能力和预见能力。

2.图书馆知识管理的内容。图书馆知识管理实质是应用知识管理的理论与方法，合理配置和使用图书馆各种资源，充分满足用户不断变化的信息与知识需求，并提升现代图书馆各项职能和更好地发挥其作用的过程。图书馆知识管理包括两个基本点：图书馆隐性知识管理和图书馆显性知识管理。具体管理内容包括知识创新管理、知识组织与传播管理、知识营销管理、知识应用管理、人力资源管理五方面。

人力资源管理是图书馆知识管理的核心内容，知识创新是图书馆知识管理的最终目标，信息技术是图书馆知识管理的工具。图书馆知识管理的目标，就是为图书馆实现其隐性知识最大限度显性化和最大范围共享寻找新的途径。

（1）图书馆显性知识管理：图书馆显性知识管理不仅包括对管理体制、规章制度、技术文档的管理，还包括一般图书馆管理的内容，如图书馆编目、文献流通、馆际互借等。

（2）图书馆隐性知识管理：图书馆隐性知识主要由馆员个人隐性知识和图书馆组织隐性知识两方面构成。图书馆隐性知识管理是指管理和利用隐性知识的一种方法，隐性知识是指那些难以记录或传达的知识和经验。在图书馆中，隐性知识一般是指图书馆员的经验和技能，以及他们对用户和社区的了解和反应。

以下是一些图书馆隐性知识管理的技巧:①建立社区。建立一个社区,让图书馆员能够相互交流和分享经验和知识,并将其记录下来;②开展知识管理培训。为图书馆员提供相关的知识管理培训,包括隐性知识管理的概念、技能和工具;③建立知识库。建立一个知识库,收集、组织和分享图书馆员的经验、技能和知识,让其他图书馆员可以学习和应用这些知识;④制订隐性知识共享计划。制订一个隐性知识共享计划,以促进图书馆员之间的交流和知识共享;⑤建立评估机制。建立一个评估机制,以评估隐性知识管理的效果和价值,并对其进行持续改进。通过以上技巧,图书馆可以更好地管理和利用隐性知识,提高图书馆员的能力和竞争力,从而为用户提供更好的服务。

二、知识管理思想的演化

(一)知识管理思想萌芽阶段(20世纪60~70年代)

1.知识产业论。1962年,美国经济学家弗里兹·马克卢普将“知识”进行了新的分类,认为知识可分为实用知识、学术知识、闲谈消遣知识、精神知识和不需要的知识。并首次提出了“知识产业”的概念,认为知识产业是由从事知识生产、信息产品生产和信息服务的机构组成,包括教育、研究开发、传媒、信息机器和信息服务等,并从经济学角度分析了有关知识生产和分配的特征与规律,说明了知识产品对经济发展的重要作用。

日本文明形态史学者梅棹忠夫1963年提出“信息产业”论,在其发表的《信息产业论》一文中指出:未来将是一个以信息产业为中心的社会。梅棹忠夫认为国民经济的发展和产业结构的变化类似于动物进化中结构的变化,越复杂的动物其外层器官所占比例越大。社会经济系统内层器官是提供生活必需品的产业,如种植业、畜牧业、养殖业等;中层器官涉及人员运输和国家权力的实施,如运输业、建筑业、军事产业及服务产业等;外层器官涉及人们住处的流动和精神的创造性活动,如信息、大众传播、教育、文化以及其他信息产业。随着社会经济发展,信息产业的重要性逐渐提高。

学者们认为,知识产业的形成与社会就业结构的变化是人类社会由工业社会向信息社会迈进的重要标志。“知识”不再是传统意义上“静态的信息”,而是信息经济社会的主要产品与主要职业。

2. 知识社会论。知识社会论的核心是对信息经济社会中生产力及生产要素变化的认识。

1969年彼得·德鲁克创造了“知识工作”及“知识工作者”等词,并首次提出“知识劳动者”将取代“体力劳动者”成为社会主体劳动力,认为知识劳动者会取代工业社会中组装生产流水线上的手工技能和体力劳动者成为最大的单一的职业,如教师、专家、技术人员等。

对于生产要素的变化,德鲁克指出,生产资料“不再是资本、自然资源或‘劳动力’,它现在是并且将来也是知识”。知识比技能和科学更重要。他指出:“1900年衡量经济的尺度是钢铁,因此对于钢铁来说,与其说是知识,不如说是技能奠定了其广阔的产业基础。当时,知识对于经济来说,与其说是一种技能,不如说是一种装饰。今天,知识已成为衡量经济的潜在实力和经济实力基础的重要标志,与科学比较起来,知识更成为经济的基础。”

(二)知识管理思想的形成(20世纪70～80年代)

1. 知识和信息决定社会生产。阿尔温·托夫勒在1980年探讨了从工业社会到信息社会的转变以及两种社会的不同,他指出:当今社会正在发生着以电子计算机、新能源、全球通信、生物技术、宇航技术等新兴技术为标志的革命,这场革命使发达国家的整个社会发生着巨大的改变,由群体化、标准化、同步化、集中化、大型化、集权化的工业社会向多样化、个体化、小型化的信息社会转变。知识和信息决定社会生产,就业结构改变,从事制造业的人数减少,劳动者素质提高,而且需要接受先进的科学技术教育和培训,社会生产体系趋向分散化。新社会的发展趋势主要表现在:传播媒介的个性化,社会环境的智能化,大批量生产向少量预订生产转变,企业道德责任被强调,工作方式自由化,出现新的消费方式等。

2.知识价值论。1984年约翰·奈斯比特指出工业社会到信息社会的变化:第一个变化是知识成为新的财富和经济社会的动力,"知识价值论"代替工业时代的"劳动价值论";第二个变化是时间观念的变化,工业时代注重当前和现在,信息时代则侧重于通过知识对未来进行预测;第三个变化是生活目标的变化,工业时代是人与机器、能源的竞争,信息时代是人与人之间的竞争。

(三)知识管理思想的发展(20世纪90年代~21世纪初)

1.知识资本论。美国经济学家约翰·加尔布雷思第一个提出"知识资本"的概念,他认为,知识资本是一种知识性的活动,是一种动态的资本,而不是固定的资本形式。

1989年,瑞典"知识管理"奠基之父卡尔·爱立克·斯威比在《看不见的资产负债表》一书中,提出了知识资本的分类,认为知识资本体现在三个方面:公司员工的竞争力、公司的内部结构以及公司的外部结构,即现在常被提及的人力资本、结构(或组织)资本和顾客(或关系)资本。

知识管理倡导者托马斯·A·斯图尔特是知识资本的大力推动者,他在1999年《智力资本》一书中指出知识资本是组织中最有价值的资产,组织的知识资本体现在员工个人的知识和经验技能,组织文化、制度和组织运作时产生的团队知识、客户的忠诚度等方面,并提出一种衡量组织知识的方法,通过一种分类系统,可从中找出知识资产。2002年斯图尔特在其再次发表的著作《"软"资产从知识到智力资本》中进一步提出将知识转化为知识资产及使用知识资产提高企业竞争力的方法,将知识战场界定在企业竞争的基础上,提出了管理知识资产的流程,指出管理所控制产业的知识资产的方法,描述了投资于知识资本并为此竞争的策略。

1996年,瑞典隆德大学教授埃德文森将知识资本定义为组织实际市场价值与账面价值的差距。他们将企业知识资本划分为人力资源和结构性资本,其中人力资源是依附于个人存在的隐性知识,结构性资本包括财务资产、设备等有形因素和信息技术、战略计划、组织文化、组织目标等无形因素。

2. 创新理论。知识资本的回报和增值主要依靠知识资本所有者自身的创新能力，知识经济时代的形成和发展以创新为基本动力。创新最早由美籍经济学家熊彼特于1912年在其著作《经济发展理论》中提出，他认为创新是“建立一种新的生产函数，把一种从未有过的关于生产要素和生产条件的新组合引入生产体系”。创新是“内部自行发生的变化”，包含五个方面：采用一种新产品，采用一种新生产方法，开辟新市场，控制新原料或供给来源和实现新产业组织方式或企业重组。熊彼特的创新理论中强调技术创新的重要性，认为创新是“对经济体系中现有生产手段的供应作不同的使用”。

3. 学习型组织。在知识社会中，企业等各类组织应该以怎样的形式在新环境中生存和发展并具有一定的竞争优势，彼得·德鲁克和组织心理学家夏思先后指出，能够适应未来需要的组织应该是“以学习为基础的”。1990年，彼得·圣吉抓住了知识社会中组织应具备的最根本的品质——学习，认为组织应以全员学习与激发创新精神为目标，在共同愿景下进行长期而终身的团队学习，即建立学习型组织，并指出：“未来真正出色的企业，将是能够设法使各阶层人员全心投入，并有能力不断学习的组织。”对于具体学习方法，彼得·圣吉总结出在自我超越、改善心智模式、建立共同愿景、团队学习四项修炼基础上的第五项修炼——系统思考，使企业建立学习型组织有章可循。

4.“自我管理”思想。1999年德鲁克提出了“自我管理”思想，区别于传统自上而下的管理方式，知识工作者的自我管理是自下而上的个人知识管理，是管理工作的最高形式。知识社会中，知识是个人和社会的基础资源，拥有知识的人是这个时代最重要的资产，知识工作者要学会自我管理。德鲁克指出了提高知识工作者生产率的方法，认为知识员工要了解自己的任务，将个人专业知识应用到对组织的贡献中；个人要学会承担责任，为自己的发展和职业定位负责，拥有自主决定权；个人价值观同组织价值观保持一致，接受组织价值体系；成绩用量化标准和质量标准考核；信任成为组织存在的基础，团队意识的培养和与人沟通协调成为知识工作者要承担的责任。

5.知识管理系统。20世纪末政府部门、大型企业在知识管理理论基础上开始着手设计知识管理系统。知识管理系统是以组织知识的创造、收集和管理为目标的系统。知识管理系统能够有效集成组织的知识资源,使知识共同化、表出化、联结化和内在化的螺旋上升过程加速,方便个人知识管理和组织内部知识共享并创造新的知识,这些知识会逐渐成为组织竞争优势的核心资源。

三、图书馆知识管理的特征

(一)图书馆知识管理是"人本管理、能本管理与知本管理"一体化管理

1.图书馆知识管理是"以人为本"的管理。首先,要尊重图书馆员,尊重馆员的能力与价值,尊重读者的个性,并且要尊重馆员的劳动,尊重馆员的劳动成果;其次,要充分认可每个馆员对图书馆的贡献,客观地评价馆员的业绩,允许馆员选择适合自己的岗位,提供其发挥潜能的机会。

2.图书馆知识管理是"以能为本"的管理。"以能为本"是"以人为本"的升华。它能够通过有效的方法,最大限度地发挥人的能力,从而实现能力价值的最大化,把能力这种最重要的资源作为组织发展的推动力量,实现组织发展的目标和组织创新。

3.图书馆知识管理是"以知为本"的管理。"以知为本"的管理是一种能够激励和灵活运用馆员的知识,并使馆员做出可持续贡献的机制。与"以人为本"相比,它不允许存在不可替代的人才,因为这有可能破坏图书馆的集体奋斗的核心价值,削弱图书馆的可持续发展动力。它要求图书馆全体人员特别是馆长,必须同时兼备"才"和"知",不断为图书馆做出贡献。

(二)图书馆知识管理就是"激励管理、民主管理和自主管理"相结合的管理

1.图书馆知识管理是一种激励管理。在激励管理的过程中,要注意激励的方向和实现图书馆目标相吻合,要公正,要有针对性,真正通过激励来提高

馆员的工作效率和业绩，达到增强制度、文化信念和促进图书馆工作的目的。

2.图书馆知识管理是一种民主管理。民主管理是通过馆员参与决策、组织动员、监督检查、协调关系和启迪教育，达到维护馆员的合法权益和图书馆领导的权威，使图书馆工作获取广泛支持并得以顺利开展的管理。

3.图书馆知识管理是一种自主管理。自主管理需要图书馆通过制定系统性的方法，对组织内的资产(包括知识、经验等)进行管理和应用。事实上，图书馆知识管理在许多方面都是建立在自主决策的基础上的。以下是一些例子：①知识获取。图书馆可以根据自身情况自主决定企业如何获取相关的知识和信息；②知识组织。图书馆可以根据自身需求自主决定如何对获取的知识和信息资产进行系统化的组织、分类、标记和管理；③知识共享。图书馆可以根据自身需求自主决定如何让组织内的成员共享知识和信息，包括通过内部讨论、会议、培训等形式推广和应用知识；④知识应用。图书馆可以根据自身需求自主决定如何将获取的知识和信息应用于组织的业务领域。这些决策都需要图书馆自主地评估其需求和目标，并采取相应的行动。通过自主决策，图书馆可以更好地管理和利用自身的知识和信息资源，从而更好地支持组织的目标和战略，提高绩效和竞争力。

(三)图书馆知识管理的目标是要推动知识创新

知识创新是知识经济社会的核心，知识创新活动是一项庞大又复杂的系统工程，它不仅需要科学研究部门从事知识的生产，还需要有专门的机构和人员从事知识信息的收集、加工、整理和传播，以促进其应用。图书馆作为知识和信息搜集、整理、存储和传播的基地，是科学生态链上不可或缺的一个环节，同样也是知识创新中的重要环节。

第一，创新需要以前人的研究成果为基础，图书馆帮助科技工作者获得相应的知识，并提供最新的科技信息，是启动知识创新的前提条件。

第二，图书馆直接参与到科研过程中，图书馆工作人员的工作是知识创新的重要组成部分。

第三，图书馆要关注知识的扩散和转移，这是知识创新成果转化为现实生产力的桥梁。

知识管理就是要促进图书馆内部、图书馆与图书馆之间、图书馆与用户之间的联系，加强知识联网，加快知识流动。图书馆作为人类知识的宝库，信息知识资源的集散地，理当抓住有利时机，结合工作中遇到的一些问题开展科学研究和知识创新。

(四)信息技术是图书馆知识管理的工具

社会从以信息技术为主导、提高组织的竞争和生存能力的时期，发展到以信息为主导的时期，并进入到以知识和知识创新为中心的知识经济时期。人是知识管理的核心，但并不意味着信息和信息技术无足轻重，它们依旧是知识管理的内容和研究对象，对知识创新起着源泉和工具作用。在信息技术方面，知识管理的实现必须以恰当而先进的信息技术的选择与应用为前提，其运行也必须以信息技术框架为基础。

第一，因特网、数据库、视频会议系统等的出现不仅加快了信息传递的速度，也增加了信息的广度，同时使各种信息更加有序，这为知识创新提供了信息保障。

第二，现代信息技术的出现打破了信息传递的时间和空间的限制，交流形式更为生动、直观，通过这些技术可以获取大量零散情报，即时实现信息反馈，通过网络可以方便地与世界各地的同行、用户探讨有关问题，彼此促进、激发知识的创新。

第三，知识创新鼓励共享和信任机制的形成，与知识共享伴存的是知识产权的保护。现代信息技术不仅是实现信息交流和共享的手段，也是解决知识产权保护的强有力的方法。可以对需要进行保护的知识产权通过信息技术授予用户不同的访问权限，以达到既方便用户合理使用，又保护知识产权拥有者正当权益的目的。这是维护知识创造者自身权益，保护知识创新的积极的一面。

第二节　图书馆知识管理内容

一、图书馆知识管理的实施

（一）设立知识主管

知识主管（Chief Knowledge Officer，CKO）是指在一个组织内部专门负责知识管理的官员，它是近年来随着知识管理的发展而在企业内部出现的一个新的高级职位。图书馆作为知识收集、加工和传递的中心，同样应该创建知识主管机制。为了使知识管理成功，知识主管应该设立在有支配权和有责任的上层管理梯队里，譬如由一名副馆长专任或由馆长兼任。

（二）改造图书馆的组织结构

知识管理倡导运用集体的智慧提高组织的应变能力和创新能力，而设计合理的组织结构是提高图书馆核心能力的一条有效途径。面对现代信息技术的挑战和不断变化的用户需求，图书馆必须积极引进企业为实施知识管理而进行的“业务流程重组”（Business Process Reengineering，BPR）或称“企业再造”的管理思想，重新调整图书馆的组织结构和内部关系，进一步增强自身的适应性和竞争性。

图书馆组织结构的设计应以读者为中心，以用户需求为导向，充分实现服务的专业化、个性化，减少重复作业，合理配置资源，增强图书馆运行的弹性，提高工作效率。通过业务流程重组，使图书馆建立一种能够迅速适应读者需求的新的服务机制，实现与各个信息系统的交融，为资源的共享、优化、合作和知识的创新带来勃勃生机。

在网络环境下，图书馆的组织结构应改变以往固定的等级模式，打破传统的图书馆职能部门之间的界限,以适应功能的不断拓展和变化:一是在图书馆内建立"柔性组织",更多地强调组织形态的扁平化和组织行为的柔性化。如采用以团队或小组为基本组织单元的网络化结构的组织形式,将更体现跳跃与变化、速度与反应,更强调人的个性与创造力的发挥,具有灵活、适应性强、高度参与并富有动态性的特点;二是在图书馆外建立"知识联盟",引进外部知识及经验,以获得能力的扩展和转换。在组织内知识清点的基础上,组建专家网络来提升图书馆的知识管理和资源开发水平,增进图书馆之间的相互学习和知识交叉,协同发展。

(三)组建完备的图书馆知识库

图书馆知识管理的目标之一是图书馆内部的知识共享。采用传统手段来传递知识往往受到多种主客观因素的制约,有时不能将最适当的知识传送到最需要它们的人手中。若建立知识库,就可以解决这个问题。图书馆应有计划地建立图书馆整体以及各个部门、各个岗位的专业知识体系,将现有知识分门别类、提炼加工,同时还要及时搜集所需的新知识,以形成有本馆特色并不断发展的系统性知识库,协助馆员高效提取所需专业知识资源用于各个部门和各个岗位的实际工作中以获得良好的工作绩效。

(四)创立图书馆知识管理系统

图书馆知识管理系统是一种用来支持和改进图书馆对知识的创建、存储、传送和应用的信息技术系统。目前,知识管理系统出现了多种模式,如基于层次模型的知识管理系统、基于一般系统框架的知识管理系统、基于知识生命周期的知识管理系统、基于知识实践框架的知识管理系统、基于资源的知识管理系统以及基于XML的知识管理系统等。

彼特·美索和罗伯特·史密斯认为,组织知识管理系统(Organizational Knowledge Management Systems)不仅仅是信息技术系统,更是由技术基础、组织基础、组织文化、知识与人组成的复杂综合体。因此,今后成熟的图书馆知识管理系统除着重于信息技术外，还应该考虑图书馆组织、图书馆文化与人力资源等问题，以保障图书馆的可持续发展。

（五）建设学习型图书馆

图书馆知识管理的策略之一就是建设学习型图书馆，向学习型图书馆发展可以从根本上改变一个图书馆的处境。在学习型图书馆中，学习、知识共享、提高员工的素质将是图书馆的一项重要职能和目标，图书馆会开展经常性的培训以及团队学习活动。在学习型图书馆中，学习已经内化为图书馆的日常行为，融入图书馆的血液之中。主动学习、自觉学习将代替被动学习，制度性学习、系统化学习将代替零星式学习。

1. 学习型图书馆的特点。学习型图书馆具有一些显著的特点，具体有以下几个方面：①在思维方式上，学习型图书馆具有以下特点：有一个人人赞同的共同构想；在解决问题和人事工作时，摒弃旧的思维方式和常规程序；成员对所有的组织过程、活动、功能与环境的相互作用进行思考；人们之间坦率地相互沟通（跨越纵向和水平界限），不必担心受到批评或惩罚；人们摒弃个人利益和部门利益，为实现图书馆的共同构想一起工作；②在组织结构上，学习型图书馆具有以下特点：适应于团队工作而不是个人工作；适应于项目工作而不是职能性工作；适应于创新而不是重复性的工作；有利于馆员的相互影响、沟通和知识共享；有利于图书馆的知识更新和深化；有利于图书馆增强对环境的适应能力。

2. 如何建设学习型图书馆。建设学习型图书馆，需要从这几个方面来进行：自我超越、改进心智模式、建立共同愿景、团体学习和系统思考。其中，系统思考是五项修炼中的核心。

（1）自我超越：自我超越是指突破极限的自我实现和获得娴熟的技艺的过程。自我超越包括以下内容：①建立个人愿景，即树立个人远大理想和宏伟目标；②保持创造性张力，即不断地从个人愿景与现实之间的差距中创造学习与工作的热情与动力；③解决结构性冲突，排除阻止追求目标和迈向成功的结构性心理障碍;④运用潜意识,即发展潜意识与意识之间的默契来增强意志力。

(2)改进心智模式:心智模式是指在心中根深蒂固,影响着人们认识周围世界以及如何采取行动的许多假设、成见和刻板印象。改进心智模式就是图书馆成员和图书馆自身打破既成的思维定式,解放思想,培养创造性思维的过程。

(3)建立共同愿景:建立共同愿景是图书馆成员树立共同的远大理想和宏伟目标的过程。通过建立共同愿景,把图书馆全体成员团结在一起,创造出众人是一体的感觉。共同愿景深入人心以后,每个员工都会受到共同愿景的感召和鼓舞。对图书馆来说,建立共同愿景,就是要确立新时期图书馆的目标和任务,树立图书馆的形象,将馆员的个人价值与整个图书馆的价值统一起来,将个人的责任与整个图书馆的使命统一起来。这样形成的图书馆规划设计不只是代表图书馆馆长的意愿,而是图书馆全体成员的志向和符合时代需要的可实现的工作指南。

(4)团体学习:团体学习是发展图书馆成员互相配合、整体搭配与实现共同目标能力的过程。通过团体学习,可以获得高于个人智力的团体智力,形成高于个人力量之和的团体力量,在团体行动中,达到一种"运作上的默契"和形成一种"流动的团体意识"。在图书馆中,针对图书馆改革的需要、任务的需要、部门的需要等,都可以组织团体学习,让团体成员在学习中理解和创新。

(5)系统思考:系统思考是这五个方面的核心,它教会人们运用系统的观点来看待图书馆的生存和发展,进而将图书馆成员的智慧和活动融为一体。系统思考能引导人们由看事件的局部到纵观整体;由看事件的表面到洞察其变化背后的深层结构;由孤立地分析各种因素到认识各种因素之间的互动关系和动态平衡关系。

二、图书馆知识服务

(一)图书馆知识服务概述

1.图书馆知识服务的定义。

(1)知识服务:知识服务是一种以互联网信息搜索查询为基础的高级信息技术服务,旨在按照客户需要,从各类明显和隐性知识来源中获取必要的内容,以满足用户的需要,并协助他们解决问题。它的独特之处在于,提供了一种专注于知识内容和解决方案的服务。

(2)知识管理:知识管理旨在实现知识价值和服务价值的最大化,无论是对显性知识的有效利用还是对隐性知识的有效管理,都是为了更好地服务于用户,提升图书馆的专业知识水平。知识服务是图书馆与用户之间的桥梁,在我国图书馆的知识管理中具有重要的意义。

2.图书馆知识服务的特点。

(1)图书馆知识服务是对传统信息服务的创新和发展:传统的图书馆信息服务只不过是一种简单的物理检索和传递服务,它无法满足用户对于有益的显性科学知识的需求,因为它只是提供了原有资料、文件的内容,而这些内容的科学知识数量非常受限,无法满足科学知识革新的需求。因此,图书馆应该采取更加先进的技术手段,以更好地满足用户的需求。图书馆知识服务应该从传统的业务转变为一种创新型的管理、传播和利用方式,这就要求对各类显性和隐性信息资源进行深入的搜寻、研究、整理和重构,以提取出有价值的科学知识,并将其传递给使用者,以解决他们的问题。这种服务将专业知识视为一种战略资源,重点放在专业知识的交流上,是信息技术服务发展的一个重要阶段,它不仅是信息技术服务的革新,也是信息技术服务发展的基础。

(2)图书馆知识服务是全方位和深层次的服务:图书馆知识服务致力于为用户提供全面的解决方案,从用户问题的调研到信息搜集,它不断更新和完善,依托庞大的知识体系和专家团队,实时响应用户需求,以动态的方式满足用户的需求,而传统的信息服务则依赖于图书馆资源和工作人员的一次性服务。

图书馆知识服务旨在为用户提供全面、有效的知识内容,它以用户需求为导向,结合实际情况,对相关信息进行分类、组织和描述,以满足用户的需求,并提供有效的解决方案。传统的信息服务通常只提供文献检索和传输功能。

图书馆知识服务内容个性化。以客户为中心,致力于为每一个客户带来个性化的知识信息,以满足他们的需求,并帮助他们解决实际问题,从而使每一个客户都能获得独一无二的解决方案。传统的信息服务拘泥于固有的模式,难以满足用户的个性化需求。

图书馆知识服务旨在通过提供有价值的信息,帮助人们更好地理解和利用自己的知识和能力,从而实现知识的增值。相比传统的信息服务,图书馆知识服务更注重对信息的深度加工,以提供更有价值的信息。

(3)图书馆知识服务是一种大服务:图书馆知识服务以用户为中心,以用户满意为目标。它关注和强调以自身特有的知识和能力,直接参与到用户解决问题的过程当中,帮助用户解决他们自己难以解决的问题,为用户提供知识并且创造价值。传统的信息服务目的在于文献信息资源的收集、存储、传递,为用户解决的仅仅是物理形态的文献和信息,难以真正地帮助用户解决实际问题。

图书馆知识服务有利于实现知识创新。图书馆开展知识服务在解决用户问题的过程中,对于图书馆员自身来说,也是一个学习、提高的过程,更为关键的是,图书馆员的技能、技巧、经验等隐性知识得以开发,并转化为显性知识,存储在各类型的载体上,将会被更多的人所理解、学习和共享,也才能使人们在掌握的基础上进一步发展,从而实现知识的创新。

(二)知识管理与图书馆知识服务的联系

在知识经济的今天,知识不仅是组织的重要生产要素、主要资源,而且也是组织财富的重要源泉，因此，组织从知识的生产到知识的分配，必须遵循一定的原则和方法，按照一定的流程进行有效的组织和管理。通过知识的创新提高组织的核心竞争力是组织当前需要面对的一个重要课题。作为一种全新的服务模式，图书馆知识服务要求图书馆应以用户为中心，为用户提供知识含量更高、更具有针对性、更加个性化、面向知识内容和知识增值，有利于知识创新、贯穿用户信息活动始终的服务。它克服了以往信息服务不能满足用户个性化知识需求的不足，能够更深入地对各类知识，尤其是隐性知识进行深入挖掘，实现知识资源的充分利用，适应了知识经济的发展要求，为信息服务注入了新的内涵，满足了人们对知识的渴求。

从另一方面来看，知识管理和知识服务的最终目标都是知识创新。对于图书馆而言，要想提高服务水平，真正满足用户需求，实现知识创新，便应该借助于知识管理的理念和方法。而知识管理具体落到图书馆实处，就是走知识服务之路。在知识服务的过程中，时时刻刻都伴随着知识管理的理念和方法，知识管理在知识服务过程中得以实践。应当树立新的服务理念，转变服务方式，更新服务内容，才能为用户提供其真正需要的高质量服务，实现图书馆服务在知识经济时代新的经济价值和社会价值。

（三）图书馆知识服务的运营模式

1. 基于分析与内容的参考咨询服务。对于参考咨询服务，图书馆将其视为一种重要的服务，以图书情报为基础，提供全面的咨询服务。

图书馆将顾问员工按专业知识划分，以及按咨询问题类别划分，可以更好地体现其中心地位，从而提升咨询服务的效果。此外，图书馆还可以通过强大的数据分析技术与软件，来保证咨询服务对信息内容的有效分析和对信息内容的整合，从而提高咨询服务质量，并且可以更好地集成馆内外咨询资源和技术系统，以提升咨询服务的工作效率。通过持续的人性化沟通和持续的跟踪服务，树立客户对图书馆的专业知识和服务质量的信心。

2. 专业化信息服务模式。通过采用垂直组织模式，图书馆可以更好地满足用户的需求和任务，并且能够更有效地组织图书情报服务和信息服务。这种模式不仅可以打破传统的业务流程设置，而且可以让图书馆员全面负责某个专业领域的信息资源的研究整理、参考咨询、用户教育等管理工作，从而更有效地提升服务质量。

3.个人化信息服务模式。重点关注用户需求和过程，实现持续的咨询服务。这种模式既体现在开展灵活的咨询服务，以解决使用者的具体问题，也体现在信息系统和组织架构中。例如，构建人性化的“系统”用户界面，为使用者提供动态的新书推荐、定题推荐和资讯咨询服务。通过设计人性化的资讯咨询服务管理系统，结合使用者的知识情况，剖析信息检索要求，进一步优化信息检索过程，确定最佳信息检索结论，将人性化页面与用户可以利用的信息服务结合，构建“个人图书馆”。通过图书情报机构推出的专业化资讯导航系统、专题信息产品及其支持系统，可以帮助使用者构建人性化的信息内容资源系统，以满足他们的需要。此外，许多图书馆也推出专家或课题组的个性化信息服务，以满足他们的需要。

4.团队化信息服务模式。知识服务需要多方位的人才来完成，因此通常需要组建队伍来进行。这些队伍可能包含资源、信息系统结构、使用咨询、用户教育和IT等应用领域的专门技术人员，也可能包含来自不同专业应用领域和图书情报管理机构的信息技术咨询服务人才。此外，还能够吸引用户或外部专家加入队伍，运用更多的专业知识开展高品质的学术活动，并配置相关信息助手。为了赢得使用者的信任且保证有效的沟通，图书馆必须持续提供优质的咨询服务。

5.知识管理服务模式。知识管理服务模式旨在以用户需求和环境为基础，实现专业知识的收集、整理和查询工作，以及专业知识的交流和匹配传递工作。它不仅可以追踪、搜寻和获得外界专业知识，还可以追踪和捕捉内在专业知识，特别是隐藏专业知识，并借助信息和数据库系统的技术手段，从复杂的数据流中发掘新的知识点及知识间的紧密联系，将其整理到根据特定体系编制的数据库系统中，以便企业能够方便快捷地查询有关数据和专业知识，从而实现专业知识的有效控制和有效传输。由于引入数据库系统、群件系统、工作流管理系统等技术手段，可以有效地帮助公司员工更好地理解和利用知识；同时，可以建立一个及时、准确的知识共享平台，以便于知识寻求者和专业知识提供者之间进行有效沟通；此外，还可以建立和发展多种管理机制，以鼓励公司员工共享知识，并进行知识创新。

第三节　图书馆知识管理创新

一、图书馆知识管理有效实施的相关因素

（一）图书馆知识管理的环境建设

1. 建立知识网络，促进知识交流。图书馆应当充分利用先进的信息管理手段，构建起完善的科学知识网络系统，以实现科学知识的高效传递和共享，为读者提供更加便捷的服务。

（1）建立图书馆的内部知识网络：建立图书馆内部知识网络旨在为馆员提供一个便捷的学习环境，使他们能够轻松获取所需的信息。这样一来，各部门的工作就可以在同一网络上进行，使得工作更加透明，知识共享更加有效，馆员也能更好地了解图书馆的整体运作流程。

通过强化图书馆馆藏资源建设，进一步增强图书馆本身知识信息资源的策划与运用，实现共享与使用，促使人员不断改进工作方式，激励他们积极参与馆内事务管理工作，以进一步提高服务质量，更进一步地为读者阅读服务。

（2）建立图书馆外部知识网络：图书馆实施知识管理还应建立起外部知识网络，通过外部知识网络及时了解国内外先进图书馆的发展动向，学习它们先进的管理经验与业务知识，同时还可以实现资源共建共享。

2. 营造图书馆新的文化氛围。知识管理的核心目标是创造新的知识，而良好的部门文化是决定成功与否的关键因素。这种文化取决于知识的特性和知识工作者的工作方式。与传统的资源如土地和设备不同，知识创造和分享是一种无形的活动，难以监控和强制执行。

为了实现知识共享，图书馆必须建立一个有利于知识管理的环境，并营造一种尊重知识和人才的部门文化。这样，人们才能真正共享知识。因为只有在非竞争性或学习型文化组织中，知识共享才能自主发生。为了提高图书馆员的自主学习能力，图书馆应该定期组织他们认真学习显性知识，激励他们思考与创新。同时，图书馆也应该激励馆员分享自身的经验和读书体会，以便大伙一起进步。通过这种交流和互动，可以促进馆员的成长。图书馆应该尝试建立一套有效的机制，以及一套公平公正的标准，以确保提出隐性知识的馆员非但不会得到丝毫不公平的待遇，反而能够获得令人羡慕的报酬，从而激励他们参与知识共享和创新。在和谐的工作环境中，馆员之间就会相互信任，相互尊重，积极合作，养成强烈的团队意识，共同为图书馆知识管理的实施而努力。

3. 图书馆组织结构的创新。我国大多数的图书馆采用多层塔式结构，这种结构不仅使得部门之间缺乏有效的沟通和协作，而且也导致上下级之间消息传递和交流变得极其不准确，从而阻碍了图书馆的整体发展。为了更好地促进知识和信息的快速传播、资源共享和技术创新，图书馆应该破除或弱化各层次馆员之间的界线，从而改变原有的等级森严的塔式管理模式，采用完善的组织结构代替硬性的配置，尽量减少制约，增加操作灵活性和自由度。

4. 相关政策、法规及规章制度的支持。图书馆知识管理的有效实施还需要相关政策、法规及规章制度对人们的行为进行规范。这些规范应该是硬性的，对图书馆馆员具有强制性的约束力，以此协调馆员的行为及关系。图书馆通过实施这些严格的规定，其目标是培养馆员的自律意识和团队合作精神，以确保图书馆的知识管理能够在一个和谐的氛围中顺利进行。

(二)图书馆知识管理的技术支持

IT是知识管理的基础,它为知识管理提供了强大的支持。计算机网络是知识管理的核心平台,它为知识管理提供了可靠的基础。在建立知识管理系统时,各种技术都发挥着重要作用。例如,图书馆的知识管理需要多种技术的支持才能实现。

1. 群件技术。群件是一种能够极大提升个人和组织工作效率的软件,它能够帮助用户更有效地寻找信息,并且通过建立网上交流室,让工作人员能够在网络上就各种问题进行讨论,表达自己的独到见解,每一次讨论结束后,系统都会自动生成文档,并将其记录在档案中,从而实现信息的快速传输和共享。管理者能够更快地了解图书馆行业的发展,并及时发现和解决管理上的问题。此外,他们还期望通过集思广益的方式,将大伙在工作中的成功经验整理起来,并进行宣传,促进馆内知识的共享。馆员们期望利用这个平台进行更多的沟通和合作,共同探索事业的发展方向。在选择群件时,必须从图书馆的实际需求出发,根据群件的性能,提供的工具的功能,需要的技术支持,销售商提供的技术支持,费用、产品的稳定性几个方面来考虑。

2. 知识仓库。知识仓库不等同于数据库与信息库,正如同知识管理并不等同于信息管理一样。知识仓库是一种复杂的信息系统,它汇集了大量的有价值的信息,包含员工的经验、计划、资源和情况,为专业知识的累积、信息共享和传递创造了一个高效的平台。它是数据库与人工智能技术的结合,可以帮助企业更好地管理和运用信息,从而提高企业的效率和竞争力。知识仓库中存有两类东西:静态知识和动感知识。静态知识包含已经建立的规章、组织的历史发展等,它们的生命周期较长,利用率较低,因此需要进行精确的分类。而动感知识则涵盖了客户的建议、各种要求以及馆员的要求和建议等,它们可以帮助图书馆更好地管理和利用资源。对于这些知识,要尽快做出答复。知识仓库需要对知识点加以整理和概括,使其合理化,可以为制定政策提供帮助。此外,知识仓库还需要定期维护和更新,以便将最新、最有价值的信息补充到其中,从而更好地帮助管理人员做出决定。

3.数据挖掘。数据发掘是一种从海量、不完全、模糊和随意的资料中获取有益情报和经验的途径,它可以帮助机构分析历史数据,从中发现潜在的价值,并且可以借助分析展示出方向、模型和信息系统中主要目标相互的特殊联系,从而为政策制定提供必要的情报和准则。通过提供决策支持和改善业务运营,帮助人们实现更好的结果。利用数据挖掘技术对图书馆丰富的数据资源进行分析,可以发现并改进图书馆整个运营过程中的薄弱环节,根据选定的知识进行创新,为图书馆的最终目标服务。

4.知识地图。知识地图是一种强大的知识管理工具,它可以帮助使用者快速定位所需信息内容,并且能够根据使用者的行动模型,智能地指引搜索者找到所需的信息内容。它运用现代互联网信息技术,构建了一个完整的知识信息资源总编目,并且能够清晰地展示出各个知识编目之间的关系。

知识地图可以呈现出多种形式,但它们都有一个共同点:指引人们在何处获取所需的信息。通过这种方式,人们可以将知识与自身联系起来,更好地理解知识的来源,减少对知识理解的偏差。通过使用知识地图,图书馆的工作人员可以清晰地了解整个图书馆的资源情况,并能够快速找到所需的信息。此外,知识地图还能够帮助读者在短时间内找到所需的资源,节省他们的时间,提高图书馆的资源利用率和工作效率。

(三)其他因素

1.领导的理解与支持。图书馆实施知识管理需要多方面的支持,不仅要求馆领导提供有效的指导,还要求上级领导部门提供充足的资金支持,以确保知识管理的有效实施。只有获得上级领导部门的大力支持,才能够有效地推进知识管理的发展。

2.先进技术和人员的有机结合。现代知识管理需要先进的IT,而这些技术又需要一群具备创新精神、能够接受新知识、并将其实际应用的人才。为此,许多图书馆正在努力开发数字图书馆,以提升知识管理的效率和质量。但是,技术是工具、手段,不是目的。技术只有由人掌握,为人所用,才能真正发挥其功效。因此,先进的信息技术与高素质人才的有机结合才是图书馆实施知识管理中最重要的一环。

二、图书馆知识管理业务实践

(一)文献开发与利用的知识管理

1.熟悉馆藏文献。

(1)熟悉馆藏文献的必要性:图书馆在进行知识管理和知识开发利用时,必须首先熟悉馆藏文献,了解自身的资源,并能够根据需要提供有效的服务,以确保知识管理工作的顺利进行。

图书馆的重要职能是为读者提供有关文章的信息,包括信息检索、借阅、咨询和传递。为了做好这项工作,图书馆工作人员必须对馆藏文献有深入的了解,才能为读者带来优质的知识服务。

(2)对工作人员的相关要求:①馆长。馆长需要全面了解该馆的文献资源,包括总量、馆藏位置、重要文献以及管理规则。只有熟悉这些信息,才能有效组织本馆的各项工作,制定发展规划,与外界沟通和洽谈业务,并开展对外交流活动;②部主任。作为部主任,除去要熟悉全馆文章的总数、馆藏情况、重要文献的分布情况以及管理工作规律外,还要深入了解自己所管辖部门的文献资源状况,以便更好地协调各部门之间的工作,实现有效管理。部主任应该明确地了解自己所管部门馆藏文献的详细信息,包含文章的类别、数量、地址、重要性、具体内容和版本以及本部门能够进行的文献服务,以便更好地管理和利用这些资源;③管理员。管理员是图书馆最基层的工作人员,他们需要熟悉图书馆内所有资料的类型、书刊名称、编号、地址、借阅管理规定,以及重点资料和重点文章的具体内容和版本,并且要了解本单位所能提供的资料信息服务。管理员的知识储备和技能水平,将直接影响到图书馆的管理和整体水平,因此,他们必须具备良好的素质,以便更好地满足读者的需求。

2. 文献资料的宣传介绍。图书馆文献收藏的目的是对文献资源进行开发利用。图书馆要做好文献资源的开发利用,就要加强和做好文献资源的宣传介绍工作。

现代企业,为了开拓市场,争取用户,无不投入很大的力量进行宣传和推广。每个企业都不敢忽视和放松宣传推广工作。图书馆虽然不是企业,不以获利为目标,但是它应当像企业一样,重视对用户的宣传和推广工作,吸引用户关注图书馆,吸引用户到图书馆里来。只有读者关注图书馆、利用图书馆,图书馆的价值才能得到体现。

3. 文献检索与传递服务。

(1)文献检索:随着图书馆藏书量的不断增加,方便快捷的信息检索服务变得越发重要。为此,愈来愈多的图书馆使用了计算机检索系统,使文献检索更加方便快捷,图书馆工作人员需要掌握相关专业知识,能够熟练运用电脑检索技术,对于那些不熟悉电脑检索技术的用户,及时发现和解答用户的问题,以满足读者的需要。良好的检索服务是图书馆知识管理的基础,也是其中不可或缺的一环。

(2)文献传递:任何图书馆,不管其规模如何巨大、经费如何充足、藏书如何丰富,总不可能收集到所有的文献,不可能满足读者的所有要求。为了弥补图书馆的文献缺口,其应该加强馆际相互传递。

随着现代计算机技术和通信技术的不断发展,文件传输变得更为便捷和快速。通过扫描或拍照的方法拷贝文件,并通过网络传递,可以在瞬间到达目的地。然而,大部分用户还不知道图书馆提供类似的业务,因此急需图书馆进行宣传和普及。

图书馆做好文献检索与文献传递服务,是图书馆最能体现知识管理的服务工作。这些工作,虽然不一定直接同书刊发生实际的接触,但是却能帮助书刊发挥其知识的价值。所以,图书馆知识管理的核心是管理知识,是使知识能够得到更好的传播和利用。

（二）数字图书馆的知识管理

1.知识加工管理。数字图书馆的知识加工管理旨在实现知识的数字化存储、信息化处理和网络传输，以及利用数字化资源和网络技术，提升馆藏文献的可视化和可用性。

（1）馆藏文献数据化：为了更有效地传播图书馆的资源，提高其服务水平，图书馆必须对馆藏的精品内容实行数字化处理，建设一个具备高价值、有特色的信息库体系。

（2）网络信息资源的开发与加工：随着网络信息资源的快速传播，越来越多的信息用户开始青睐它们，但是目前搜索引擎的功能还不完善。尽管功能设计和信息开发方面存在一些问题，但图书馆应该采取有效措施，强化网上资料的管理，进一步提高查准率、查全率，提升方便性和专业性，以便更好地满足使用者的需求，并实现网上信息的二次加工，以实现资料的有效利用。

2.知识组织管理。1929年，英格兰知名的种类学家H.E.布利斯开始研究种类学时，就曾使用过“知识组织”的概念。数字图书馆的知识组织是一种有效的信息管理方式，它通过对数据的发掘和整合，从中提炼出必要的知识单位，并将其组织起来，以实现数据的有效利用。这种方式不仅可以提高图书馆的效率，而且还能够提升图书馆的整体质量。

知识组织方法多样，即可依据其内在结构特点分成知识因素组织者和知识联系组织者；也可能依据其形态分成主观知识组织者和客观知识组织者；此外，还可能依据词语学原则分成句法组织者、语义组织者和语用组织者等。随着科技的发展，各种智能技术和软件技术已经被应用于数字图书馆，特别是在内容和知识管理方面，它们的出现大大提升了数字图书馆的使用效率，为用户带来了更加便利的信息服务。

3.知识开发管理。数字图书馆的专业知识研发管理工作以客户需求为导向，与知识组织控制、知识产权重组和知识产权再造相结合，为客户提供满足其需求的知识产权方案或商品。在数字图书馆知识开发过程中，图书馆工作人员经过开创性的智力劳动，利用自身特有的知识和能力，经过深度加工，生成富有独特价值的知识产品，进而解答客户无法依靠本身知识和能力解决的问题，发挥图书馆在整个社会知识创新中的重要作用。

4.知识服务管理。数字图书馆的核心目标是提供优质的知识服务，这不仅是为了满足用户的需求，也是为了建立与用户之间的联系。由于网络技术的发展，数字资源知识服务工作已经具备了相关性强、专业性水平高、全面集成化等特征，应该根据这些特征，采取多种不同的服务形式，以满足新形势下的需求。数字图书馆提供多种形式的知识服务，包括信息导航、评估、咨询和营销。

（三）对读者的知识管理

图书馆是为读者而开设的，要实现对读者的知识管理，必须根据读者知识的类型和实际需求开展服务工作。

1.针对读者需求的知识实行个性化服务。针对读者需要的知识，首先要满足读者的基本要求——文献够用和便于利用。从读者的角度来看，馆藏文献达到适当数量后，应不断优化馆藏文献的结构和质量，充分做好服务延伸，为读者提供个性化服务。

2.针对来自读者的知识创建学习型图书馆。学习型图书馆的创建，强调图书馆的成员（包括读者）不断学习和终身学习，其中也包括积极利用来自读者的知识。

读者知识主要是指经由读者所提供的知识。向读者学习，使读者从服务的接受者逐渐转变为积极的参与者，成为图书馆创造价值活动的伙伴。对读者进行知识管理可以为图书馆的发展提供正确的方向，满足新的不断变化的要求；还可以适时了解读者现实及潜在的信息，从而不断进行读者知识的搜集、学习，并运用于读者服务创新。如在学科门户建设中，因为其专业性，非常需要一些能对因特网资源进行科学评价与质量控制的高素质人才，所以图书馆往往聘请一些有经验的学科专家来负责资源选择与评价工作；再比如在图书馆文献采访中，邀请读者讨论和参与到实际采访过程中，可以使其更适合读者需求。

三、图书馆知识管理创新相关措施

（一）转变以往的管理理念

图书馆若要进行革新，并在当前重要媒介中取得一定的竞争力，首要的一点就是转变以往的管理理念。当图书馆引入新型管理理念后，其管理宗旨更加倾向于读者对知识的喜好，随着图书以及网上搜索引擎功能的逐渐扩大，读者可以在图书馆找到自己所需要的大部分资源。与此同时，还要加强图书馆内工作人员的专业素质，在读者向馆内人员说明自己的诉求时，图书馆内的工作人员可以及时给读者满意的答复，这些都是转变以往管理理念的有效措施，有利于推进我国图书馆管理的发展。

（二）改革创新管理方法

图书馆若想进行创新，除了要转变管理理念，还需要对管理内容以及管理方法进行革新。对管理内容进行创新时，需要对管理内容所包含的几个方面进行分析，找出其中的不足，并寻求管理方法。对于创新方法来讲，还可以根据图书馆借阅的每一个关键部分进行细化和更新，以求借阅图书时更加井然有序。

（三）加强图书馆的管理职能以及管理模式的创新力度

对于图书馆的管理模式来讲，其管理的好坏可以直接影响图书馆的运营情况。我国图书馆的作用和竞争力在近几年来逐渐弱化，主要是图书馆管理模式不当造成的。因此，要加强图书馆管理模式的创新，不仅要借鉴国外先进的图书馆管理模式的理念，还需要在该理念的基础上进行创新和完善，以求改革创新模式不仅符合图书馆的具体情况，更要符合当今社会发展的需要。

第四节 图书馆战略管理概述

一、战略管理概述

(一)战略管理的定义

早期的学者对战略管理的认识是从战略的概念构建开始的。但随着认识的深入,学者们逐渐认识到战略管理与战略是有区别的。伊戈尔·安索夫所提出的战略概念演变过程最能说明二者的区别。安索夫最初提出战略在企业管理中的概念,认为战略是贯穿于企业经营与产品及市场之间的一条主线,包括产品与市场范围、增长向量、竞争优势和协同作用四个要素。在这个定义中,安索夫把战略视为一个方案。但他随后提出了战略管理的概念,倾向于把战略管理视为一个过程,而且是一个根据实施情况不断修正目标与方案的动态过程。因此,从概念上进行区分,可以认为战略是一个静态的概念,是战略管理的对象。具体来讲,战略管理是由战略制定、战略实施和战略评价三个部分构成的企业管理过程以及相应的方法和技术。

(二)战略管理的特点

战略管理是一种全新的企业管理理念,它源自系统科学,并在此基础上不断发展和完善。它不仅仅是一种技术层面的管理,而且是管理实践和管理科学的重要组成部分,是管理理论和思想的一次重大突破,为企业发展提供了全新的思路和方法。它与传统的科学管理方式和行为科学管理方式有着显著的不同,具体表现在以下几点。

1.着眼点和目标不同。采用科学管理方式和行为科学管理方式,可以从微观层面和实际情况出发,以提高效率;而战略则是从宏观经济层次和未来发展的视角出发,旨在实现公司的长远发展。

2.运作内容不同。科学管理注重于设计和规范员工的工作流程,以提高他们的能力;行为科学管理则重视研究和激励员工的行为动机,以提升他们的积极性;而战略管理则更加关注企业资源的整合和核心能力的培养。

3.运作方法不同。科学管理和行为科学管理旨在通过实验研究和分析,深入了解企业内部的微观问题,并以此为基础提出有效的工作方法,以提升企业的经营效率。而战略管理则更加注重从企业与环境的互动中把握企业的发展趋势,以期达到更好的经营效果。将战略管理作为一种管理方式时,必须明确以下几个问题。

(1)战略管理不是职能管理:许多学者将战略管理视为一种独立的职能,但实际上,它更多的是一种企业日常管理工作,而不仅仅是一种规划。这种看法不能充分反映战略管理的实际情况,也无法满足企业发展的需求。战略管理不仅仅是由某一部门负责的日常工作,而是企业高层领导者对企业未来发展和全局性挑战的全面把握和有效运用。

(2)战略管理是一种系统管理:与其他职能管理只负责企业某一方面事务的情况不同,战略管理是对整个企业所有事务的系统管理。这并不意味着战略管理可以代替所有的其他管理,但战略管理涵盖了企业管理的所有方面,在服务于企业整体目标的宗旨下进行整体的协调和配置,是对企业整个系统的管理。

(3)战略管理统率其他管理:如果将战略管理看作整个企业的"宪法管理",那么可以将其他管理视为在"宪法"框架下的各个"法律",其他管理将服务和统一于企业的战略管理,与战略管理相匹配并保持一致。任何与企业的战略管理相矛盾的其他管理活动都是不可接受的。

(三)战略管理的过程

管理战略是一个复杂的过程,它由三个关键部分组成:制定目标、执行目标和评估目标。

1.战略制定。企业战略制定的主要目的是确定其任务,识别外界机会和风险,发现内在竞争优势和缺陷,制定长远发展目标,并确定可行的企业战略实施方案。

在制定战略时,应该仔细分析与竞争者相比自身的优势和劣势,以及企业决策者的价值观和能力,并考虑外部经济和技术上的机遇和风险,以及经济社会、政治、当局关系和社会文化因素的负面影响。尤其是要对竞争性质、竞争市场环境和竞争者等相关信息提供合理的分析方法,并建立相应的情报工作体系来支持。

(1)对竞争性质的信息分析:①通过分析竞争作用力的来源和强弱,我们可以更好地了解现有竞争对手的竞争情况,并预测潜在竞争者的行为;②通过分析竞争战略特征,我们可以更好地了解不同竞争对手的差异和内部实力。

(2)对竞争市场环境的信息分析:①通过分析市场消息,判断对手提前做出的行为和事后做出的行为;②通过对行业的集聚度、成熟度和竞争对手情况的全面分析,我们可以更好地了解行业的基本情况,从而更有效地推动行业发展。

(3)对竞争对手的信息分析:了解竞争对手的战略行动,以及他们可能采取的措施,是获得成功的关键,同时也要考虑到可能出现的产业变革和环境变化,以便做出最佳应对。包括:①分析对手的未来目标信息;②通过分析竞争对手的想法和规则,我们可以更好地了解自身的情况;③分析竞争对手的战略信息,并列出他们目前采取的实际行动;④分析对手的能力信息。

通过细致、全面地分析,综合考虑公司当前资源状况,精心挑选出最有利于公司发展的战略,这是战略制定的关键步骤。一旦战略制定完成,公司未来的发展、经营和资源等都将得到明确,除非发生重大变动,否则不会有太大的变化。决策质量是企业成败的关键因素,因此在制定战略时必须特别注意。

2.战略实施。企业实施经营战略必须确定其运营理念,确定全年工作目标,制定政策措施,激励员工,配置各种资源,从而使其得到落实。实施战略活动包含:创建支撑战略实施的文化,调节企业经营方向,创建适合战略需要的组织结构，使用适当的人力资本，高效调度各类重要资源，科学制定企业预算，构建高效的信息沟通渠道，以及其他必要的措施，以确保战略的高效实现。战略实施是战略管理的关键环节，它不仅仅是计划阶段，更是行为阶段，要求战略决策者积极组织，将战略计划转化为可行的举动，以实现整个企业的目标。

战略实施的关键在于将目标细化到每个组织和个人，让他们真正认识到自己在企业中的重要性，并积极采取行动。这需要激励整个企业的管理者和员工以一种追求成功的态度来实现目标。管理者的成功取决于他们如何激励员工并合理配置资源，这是一项非常重要的技能，也是对他们能力的考验。

3. 战略评价。随着企业外部和内部环境的持续变化，战略管理必须不断改进，以确保企业的可持续发展。

为了确保战略的顺利实施，战略管理者应当密切关注战略进程，并及时调整企业战略。因此，需要建立一套完善的战略评价指标体系，便于对战略实施的有效性做出准确评估，并采取有效的措施。

在大企业中，战略制定、落实和评估活动通常分为三个层级：集团公司层面、战略管理事业部或分支机构层面和职能部门层面。集团公司负责把握企业战略方向；而战略管理事业部或分支机构则是具体制定整个企业的战略计划，它们担负着制定整个企业战略的重要责任；职能部门则通过充分发挥他们的特殊职责，有效地开展战略评价工作，以确保整个企业战略的有效实现和可持续发展。经过有效监控和纠正，整个企业战略的实现将有助于提升管理者与员工之间的沟通和互动，从而使整个企业更好地融入整体战略，实现企业、战略事业部和职能部门之间的协同合作。

二、战略管理理论

（一）战略理论体系

1. 战略规划理论体系。安德鲁斯为现代战略理论奠定了坚实的基础，形成了战略规划的基本框架。他把战略管理分成两个完全不同的部分:战略制定和战略实施。在战略规划方面,他要求战略制定要考虑四个要素:你可以做什么(市场机遇)、你能够做什么(内部资源与能力)、你想做什么(个人抱负)与你应该做什么(社会责任),并且寻求四者的结合。在战略实施过程中,企业要从组织、管理与领导方面来保证战略得到认真贯彻。后来人们对安德鲁斯的理论进行了修改,但其主体框架并没有发生根本改变。在此基础上,安德鲁斯区分了以下两大战略。

(1)低速成长战略:包括不变、撤退、专注于有限的特殊机会。

(2)强制成长战略:包括兼并竞争对手、垂直一体化、地理扩张以及多元化。

2.波特的动态战略体系。1991年迈克尔·波特发表了关于“动态战略理论”的论文,文章综合了他多年来战略管理的思想,形成了比较完整的战略管理理论学说。其理论体系虽然吸收了战略规划理论的内容,但已经形成了一个完全不同的理论体系。

波特的理论体系认为,企业的管理选择与初始条件形成企业的驱动力,这些驱动力来自企业的规模、积累的经验、活动共享与能力转移、垂直一体化等。这些驱动力决定企业的相对成本与产品性能差异,从而决定企业的竞争优势。竞争优势来源于企业能够以比竞争对手以更低的成本提供同样的价值或以同样的成本提供更高的价值。利用这些竞争优势选择一个有吸引力的行业并且在这个行业中取得相对优越的地位,那么企业就会成功。

3.资源(能力)基础战略体系。20世纪80年代伯格·沃纳菲尔特首次提出“企业资源基础理论”之后,人们对战略的理念发生了根本的改变。人们从内部来寻找成功的因素。科利斯和蒙哥马利提出的基于资源的战略包括四个部分:识别宝贵的资源,对资源进行投资,提升资源的素质与运用资源。战略制定的核心就是开发与利用企业的独特资源与能力。

(二)西方战略管理理论发展

1. 古典战略管理理论及其演变。在纷繁复杂的宏观背景影响下,战略管理逐渐成为企业管理理论与实践的重要组成部分,企业管理进入到战略管理时代。其理论研究的发展经历了一个层层深化的过程,先后形成过诸多理论学派。在亨利·明茨伯格与布鲁斯·阿尔斯特兰德等合作完成的《战略历程:纵览战略管理学派》一书中,第一次全面地沿着战略管理理论发展的历史脉络,将战略管理思想体系分为设计学派、计划学派、定位学派、企业家学派、认识学派、学习学派、权利学派、文化学派、环境学派、结构学派十大流派。虽然有些学派之间有些交叉,但是每个学派都具有不同于其他学派的特征。

(1)战略管理理论的萌芽(20世纪初~20世纪50年代):20世纪初,以弗雷德里克·温斯洛·泰勒为代表的科学管理理论研究者将管理纳入科学的轨道,泰勒、法约尔和马克斯·韦伯的思想成为现代西方管理理论的三块基石。古典管理理论将研究的重点主要放在了企业内部的管理活动上,很少关注外部环境和企业经营战略规划。科学管理使现代企业得以成形并持续成长,福特汽车这样的大企业开始陆续在欧美国家出现。企业管理者对企业发展的前景非常乐观,实行控制性管理,以提高企业内部生产效率。

20世纪30年代,许多大企业在“大危机”中受到重创,企业在经济危机后对经营管理理念进行了反思和调整。企业意识到难以应对持续时间较长的外部环境变化,如何应对外部环境变化的问题进入了企业管理者的视线,企业开始尝试制订长期计划。这一时期,虽然没有出现完整的企业战略管理理论体系,但已产生了企业战略理论的最初萌芽。其中,亨利·法约尔和切斯特·巴纳德的思想比较有代表性。

法约尔将企业的活动分为6类:技术活动、商业活动、财务活动、安全活动、会计活动和管理活动。且提出了管理的5项职能:计划、组织、指挥、协调和控制。其中的计划职能是企业管理的首要职能,可以说是最早出现的企业战略管理思想。

1938年,巴纳德在《经理人员的职能》一书中提出了著名的系统观点,对影响企业经营的各种因素进行了分析,提出了战略因素的构想。他认为管理工作的重点在于提升组织的效率,提出一个组织的生存和发展有赖于组织内部平衡和外部适应,这种组织与环境相"匹配"的思想为后来战略理论的研究奠定了基础。

(2)战略管理理论的兴起与发展(20世纪60~70年代):20世纪60年代,美国市场的消费品需求趋于饱和,科学技术迅速发展,国内外市场竞争日趋激烈,企业经营开始走向多元化和国际化。外部环境已经成为影响企业发展的主要因素,企业开始制定经营战略,并把战略制定同长期计划的编制结合起来。20世纪后期,企业界越来越清楚地认识到战略实施比战略计划和战略方案设计更为重要,在战略实施方面要调整企业内部结构以适应战略的实施。

20世纪60年代,企业战略理论在西方兴起并逐渐发展成为一门独立的学科。这一时期的战略管理理论研究主要有两方面的成就:一是艾尔弗雷德·D·钱德勒"结构跟随战略"假说;二是安东尼-安索夫-安德鲁斯范式。这一时期的战略管理理论可以归结为相近的两个学派:"设计学派"和"计划学派"。

(3)古典战略管理理论的简要总结:关于以环境为基点的古典企业战略管理理论包括以下基本观点:①战略管理理论的基础是适应环境。企业所处的环境是企业自身无法控制的,企业只有不断地考虑环境的变化,适应环境的变化,才能生存和发展;②企业所面临的环境条件是简单的、可预测的、稳定的和静态的;③企业的战略目标是为了提高市场占有率。企业的战略要适应环境变化,旨在满足市场需求,获得足够的市场占有率,这样才有利于企业生存与发展;④企业战略的实施要求组织结构变化与之相适应;⑤在针对企业竞争优势的来源方面,该理论认为竞争优势是外生的,而较少考虑企业内部条件的差异性对竞争优势的影响。

古典企业战略管理理论为现代企业战略管理理论的形成和发展奠定了

基础，然而其理论也存在以下不足：①企业缺少对即将进入的一个或者几个产业进行分析和研究，不注重对竞争对手的考察，只强调企业被动地去适应环境；②该理论缺乏对企业内在环境的考虑，只是从企业的外部环境来考察企业的战略问题。

2.竞争战略理论及其发展演变。20世纪70年代之后，美国放松了电信、电力、铁路等行业的政府管制，对企业兼并等采取了较为宽松的反垄断政策，反垄断的指向主要是企业行为而不是市场结构。美国等发达国家再次出现了企业兼并浪潮，导致企业结构越来越大，市场结构的集中度越来越高。这使得产业组织的力量超过了一般政治、经济环境的力量，成为影响企业经营绩效的主要因素。行业市场结构的变化导致了企业战略的变化，战略家们纷纷从适应环境的古典框架中跳出来，转而寻找有吸引力的行业，从产品和成本差异化上来寻找竞争优势。

迈克尔·波特在当时的经济和社会背景下提出的竞争战略理论，逐渐获得了战略理论的主流地位。他在1980年出版的《竞争战略》和1985年出版的《竞争优势》中运用产业经济学的SCP范式阐述了其战略管理思想，明确提出企业在制定战略时必须考虑其所处的行业环境，指出行业结构决定企业的竞争范围，从而决定企业的利润水平。

3.资源（能力）战略理论及其发展演变。20世纪80年代末期，大多数公司由于没能跟上技术、人力资源和管理上的变化而受到巨大冲击，而许多不按常规行事的竞争对手在生产力和产品质量上却有着长足进步。在这些浪潮的冲击下，似乎少有公司能掌握自己的命运。过去成功的基础被动摇、被瓦解，产业领域迅速改变着原有的面貌，其速度之快使得最高经理层来不及重新设想应该服务于哪些市场、掌握哪些技术、服务于哪些客户以及如何最大限度地发挥员工的积极性。随着竞争环境的不断恶化，企业不得不把眼光从关注其外部市场环境转向其内部环境，注重自身独特资源和知识的积累。在这种背景下，一种新的企业战略理论——企业能力理论走上了历史舞台，并产生了深远的影响。

1990年普拉哈拉德和哈默尔在《哈佛商业评论》发表了《公司的核心竞争力》一文，掀起了企业能力研究的高潮。他们认为可以将企业能力理论大体划分为资源学派和能力学派，它们既相互独立又相互补充。

三、图书馆战略管理

（一）图书馆战略管理的概念

图书馆战略管理是一种动态过程，旨在通过全面考虑图书馆的外部环境和内部条件，确定其长期发展目标，并制订有效的实施计划，以提升图书馆的整体利益为根本宗旨。这一过程需要对图书馆的发展进行全面的规划和决策，并在实施过程中加以控制，以确保图书馆长期稳定发展。

（二）现代图书馆战略管理的层次

现代图书馆战略管理应该从四个层面来考虑：国家战略、地区战略、单位战略和职能层战略，以确保图书馆的发展和提升服务质量。这些层次的战略应该有助于图书馆更好地实现其目标，并为读者提供更有效的服务。

1. 国家图书馆战略。国家图书馆事业发展战略是一项重大的战略规划，旨在指导和控制地区和单位图书馆的发展，以确保其在特定历史时期内取得最佳发展效果。它是在全国图书馆事业发展环境的基础上制定的，旨在确保图书馆事业的发展方向，并为各地区和单位图书馆提供发展目标和战略措施，以实现其长远发展目标。通过充分利用图书馆的资源，可以在社会、文化、政策和经济领域发挥其重大的战略作用。

2. 地区（系统）图书馆战略。由于图书馆业务的开展建立在行政部门隶属和本馆主管体系的根基上，因此，为了更好地实现国家图书馆业务开展的目标，必须采取区域（体系）分馆策略，以行政部门隶属（如社会公共图书馆、学校图书馆等）或行政区划为单元（如以省为单元），构建各体系或全省区域内的分馆体系。根据国家图书馆事业规划的指导，各体系图书馆应当充分考虑本体系图书馆的特定性质和任务，根据当地的政治、国民经济、社会和文化状况，制定出符合本地区实际的图书馆发展规划，明确未来发展目标和要求，确定未来发展的重点、阶段和措施，以实现国家图书馆事业规划的有效实施。

3. 单位图书馆战略。单位图书馆发展战略是现代图书馆管理的核心，它不仅是国家图书馆发展战略的延续，也是地区图书馆发展战略的基础，它为图书馆发展提供了明晰的方向，为图书馆职能层发展战略的制定和执行提供了依据，从而推动图书馆事业的发展。

单位图书馆规划是根据国家和地区的发展规划，以及当地的资源状况和用户需求，制定出来的，旨在帮助图书馆发挥其最大的价值，满足用户的信息资源要求。这些规划的制定必须充分考虑多种条件，以确保图书馆的有效运作。单位图书馆战略旨在明确其目标和方向，明确信息资源建设的领域和目标，并制定富有独特性的发展战略和实施措施，以实现其最大化发展。

4. 图书馆职能层战略。针对小型图书馆而言，职能层战略是一种重要的战略，旨在实现其职能管理的目标，以提升资源的配置效率，并为单位图书馆战略的实施提供有力的支持。将职能层战略与单位图书馆战略有机结合，可实现最佳的效果。图书馆职能层战略是一系列具体的方案和计划，它们的实施时间短，并且具有明确的行动目标。这些战略需要基层管理人员和员工的参与，包括：信息资源建设、人力资源、信息技术服务、资金管理等。

第五节　图书馆的发展战略

一、图书馆战略管理的必要性

（一）信息环境的巨大变化与挑战需要战略管理

信息化技术环境给图书馆以前所未有的巨大挑战，信息无时不在、无处不在，传统图书馆服务受到了严重影响，图书馆对公众的吸引力正在下降。读者对图书馆的信息需求量也在下降。网络早已成为图书馆服务的重要载体和空间。图书馆的网络化发展趋势使远程服务量不断增加，通过互联网、手机等服务手段和载体，可以开展不受时空限制的网上书目检索、参考咨询、文献提供，使图书馆服务发生了泛在化的变化，即任何读者，在任何时间、任何地点，通过任意信息传播载体以获取其所需要的知识信息。

不仅如此，图书馆的各种外部环境都发生了深刻的改变，信息量每两到三年翻一番，而不是每十年；万维网的出现改变了学生获取信息资源的途径，但只有少量网上信息是经过审查的；信息过剩已经代替信息匮乏成为信息检索面临的新挑战，在计算机专家的帮助下，图书馆员必须帮助读者获得最相关的信息；数字图书馆的出现要求本地图书馆为读者提供高水平的终端计算机服务。战略规划是图书馆应对快速变化的信息环境的重要结果，未来图书馆不可避免地面临更多变化，需要对未来进行规划。

（二）图书馆面临的竞争环境需要战略管理

长期以来，图书馆作为一个事业单位，没有竞争的压力，这也使图书馆的发展缺少一种强劲的动力。然而，随着图书馆事业改革的深入，以及图书馆发展形势的变化，引入竞争机制，这使图书馆面临着一个竞争的新环境。

图书馆面临的竞争环境既有竞争也有合作，一个是来自行业内部的竞争与合作，各类型各地区图书馆之间存在着竞争与合作关系，另一个是来自行业外部的竞争与合作。图书馆在竞争环境中，如何占有重要地位是图书馆的一个重要目标，因而必须有新的战略管理，使图书馆获得竞争优势。

（三）读者与用户不断变化的需求需要战略管理

由于读者与用户的变化，传统的服务体制与模式不能适应新的读者与用户的需要，如不少图书馆的服务方式与方法是基于20世纪下半叶的读者与用户群体分析而确定的，这些方式与方法与新一代的读者与用户需要相去甚远。图书馆应运用战略管理，根据用户的特征重组服务，调查研究用户的需求与变化规律来有针对性地开展服务。

（四）图书馆事业的发展需要战略管理

我国公共图书馆资源总量的不足与配置的不平衡，使免费开放效益的发挥受到局限。一些基层图书馆办馆条件相对落后，资金短缺、藏书量少、新书不足，也成为亟待解决的问题。图书馆事业的发展既需要各个图书馆通过战略管理，适应事业发展的新要求，更需要从整体上加强图书馆事业发展战略研究，通过战略管理解决各类型图书馆事业发展的不平衡问题，缩小图书馆事业发展中的地区差距和城乡差距。

（五）图书馆学理论需要战略管理

尽管20世纪80年代以来，关于图书馆管理或图书馆管理学的著作不断增多，管理学的各种新理论也不断引入，但图书馆管理的科学体系并不成熟，图书馆管理理论与方法不能满足快速变化的图书馆资源与用户服务的需求，并落后于我国图书馆事业的发展。国外管理学早已从古典管理理论发展到近代的组织管理理论、行为科学理论再到现代的管理学各门学派，图书馆也早已经从科学管理发展到现代管理。

我国图书馆管理，从实践上主要局限于图书馆人、财、物的管理，从理论上则热衷于管理学理论方法的移植、管理思潮的关注，以及图书馆法、图书馆事业管理、信息资源管理等的低层次重复性研究。更为严重的是，理论与实践的脱节在图书馆管理上尤其显著。虽然借鉴和模仿国外图书馆界的管理经验与方法有一定的现实效果，但又存在着简单照搬以及管理上的文化冲突等一系列问题，以致于我国图书馆事业始终处于落后状态，图书馆管理始终处于传统科学管理的低层次层面，不仅图书馆管理教材和著作中没有战略管理，而且图书馆实践中也不讲战略规划，图书馆界缺乏对战略理论的重视，图书馆员甚至图书馆馆长广泛缺乏战略意识，图书馆战略规划理论与实践十分落后。

（六）图书馆业务运行与创新需要战略管理

不少人认为图书馆只要做好当前业务就足够了，他们认为战略管理离现实太远，不能解决业务问题，因而重视业务流程和人、财、物的管理，从而忽视战略管理。实际上，图书馆战略管理，不仅要面向未来，也要基于现状，是针对现实问题与未来需求相结合的管理体系，不仅体现了务虚与宏观的思维，而且也体现了务实与微观的思维，是将图书馆业务运行与创新相结合的有效方法。图书馆业务工作不能停滞不前，必须不断创新，这就需要战略管理。

（七）图书馆队伍建设需要战略管理

改革开放以来，我国各类型图书馆干部队伍都有了较快的发展，但也存在与图书馆事业发展不相适应的问题。现代图书馆需要图书馆员有战略思维。在传统图书馆界，战略思维是一种不必要、完全陌生的观念，甚至不能被理解。但是在现代图书馆事业环境中，图书馆的业务工作要使读者满意，战略规划则必不可少。培养馆员的前瞻性思维，要将焦点放在对未来理想结果的方向分析和即时需求上。大多数管理者需要培养战略思考能力，然而他们很少这么做。

（八）图书馆转型需要战略管理

自从计算机和网络诞生之后，传统的图书馆已改变为与信息化紧密相连的现代化图书馆。图书馆的传统角色、传统工作方式已不能适应时代，图书馆重新定义新的角色成为必须。

社会环境和信息技术正在改变图书馆的结构与形态，促进传统图书馆向新型图书馆转变，在转变的过程中，无论从理论还是从实践角度，都需要战略管理。

二、现代图书馆战略管理的组织与实施

现代图书馆战略管理是指图书馆从整体利益和根本宗旨出发，为了获得长期、稳定的发展，在充分研究现代图书馆外部环境和内部条件的基础上，确

定和选择一定的战略目标,并针对目标的落实进行规划,进而增加现代图书馆的相关能力,并将这种规划和决策付诸实施,以及在实施过程中进行控制的一个动态过程。

(一)现代图书馆实施战略管理的目标

1.当前图书馆存在的问题。在现代信息社会,图书馆所面临的外部环境充满了大量的不定性因素,诸如全社会的信息技术水平不断提高,相关信息机构竞争日益激烈,用户的信息需求越来越趋于精确化、及时化、个性化,而图书馆自身又面临着诸多困境。如何走出困境,是现代图书馆急需解决的问题。

2.实施战略管理的目标。实施战略管理,图书馆将会对内部资源条件和外部环境的变化有更充分的认识,以采取相应的措施,创造并保持核心竞争力。具体目标有:①根据现有的资源和能力,制定长远发展规划,避免工作上的盲目性;②通过对内外部环境的分析,建立高效灵活的组织结构和管理模式,提高工作效率,适应现代竞争环境;③更好地了解用户在新时代里新的信息需求,并根据用户需求开展信息服务,提高信息服务的水平和质量;④根据用户需求改善馆藏结构,促进馆藏资源的合理化;⑤及时了解最新的现代信息技术,促进信息工作和服务手段的现代化;⑥根据战略需要,制订用人计划,以防止人员配备上的随意性和用人上的不正之风;⑦加强图书馆之间的合作,增强图书馆的行业力量,构建图书馆协作网络,实现真正意义上的资源共享。

此外,图书馆战略的制定和传播还有利于加深政府和公众对图书馆的了解和理解,以获得人力、物力、财力和观念等方面的支持。

(二)现代图书馆的外部环境

1.一般环境分析。

(1)政治与法律:我国进行的政治体制改革引发了社会运行方向的巨大变革,现代图书馆作为一项公益性事业,也将受到政治体制改革的巨大影响,尤其是在管理体制、队伍建设方面,现代图书馆将拥有更大的自主权,将会更好地适应社会。

(2)经济:生产力水平总体上不太发达,社会经济发展不平衡是我国最现实的国情,现代图书馆的发展必然受到这一国情的制约。

(3)社会与文化:教育和科研是文献产生的两大本源。教育和科研的快速发展提高了社会的文献需求量,并对现代图书馆的发展起到了促进作用。

2.产业竞争环境分析。产业竞争环境主要包括本产业内部的竞争关系、进入威胁、替代品、卖方的议价能力、买方的议价能力等。

(三)现代图书馆的自我审视

1.现代图书馆的优势分析。

(1)文献资源优势:现代图书馆最大的优势是其取之不尽、用之不竭的文献信息资源。图书馆的社会职能之一是保存文化遗产。经过多年积累,图书馆资源已由单一的印刷型,向印刷型、声像型、电子型等多媒体并存的方向发展,以新的资源优势服务于社会。

(2)信息技术优势:现代图书馆具有较为成熟的信息分类、检索技术。结合现代计算机检索、超文本链接及多媒体检索等新兴信息技术,图书馆将开发出适应互联网环境的高效搜索工具,在信息社会发挥更大作用。

(3)人力资源优势:现代图书馆拥有一支稳定的、庞大的具有信息开发能力的工作人员队伍。他们有丰富的工作经验,为图书馆的发展做出了不可磨灭的贡献。

(4)设备优势:图书馆一般都有基本信息处理设备,发展较快的图书馆已经实现了各工作环节的自动化。数字图书馆、图书馆网络正在建设之中,此外,大型图书馆还能获得强有力的国家资助,以便引进各类先进信息技术设备。

2.现代图书馆的劣势分析。

(1)制度落后:传统的体制与运作方式同现代化快速、准确传递各种信息的要求格格不入，无法适应读者的多种需求，无法适应各种信息机构的竞争。

(2)文献资源老化：文献入藏量减少，库存的文献资料存在严重的过时老化现象，这种状况远远不能满足读者的需要。这将导致图书馆的作用、价值逐步降低、功能萎缩。

(3)技术应用滞后：与当今的社会需要相比，图书馆工作显然是滞后的，根本原因是图书馆新技术应用的迟缓和低效率。

(4)人才流失：图书馆馆员传统学科知识和业务技能已难以适应现代化发展的需要，且新鲜血液补充不足。由于工作条件和待遇无法与社会上其他机构相比，图书馆人心思迁，队伍不稳定，人员流失不容忽视。

(5)经费不足：图书馆在社会上发挥的作用小，得不到社会公众的理解和支持，也难以得到政府的重视，导致政府对图书馆的投入不足，部分图书馆入不敷出。

(四)制定现代图书馆的发展战略

现代图书馆的使命体现在现代图书馆所承担的社会职能上。图书馆具有促进社会信息交流、开展社会教育、保存文化遗产、提供文化娱乐、保持社会稳定的职能。在信息社会，图书馆不仅具有以上社会职能，还应发挥更大作用。

作为一种公益事业，现代图书馆应该坚持自己的公益性质，保障广大社会公众的基本信息需求，争取缩小信息鸿沟。促进社会信息交流是图书馆的基本职能之一，在信息社会，现代图书馆更应采取各种方法，提高信息的利用程度，加快社会的信息化进程。

图书馆的社会价值同自身的工作或自身向社会提供的服务以及社会对图书馆的需求程度成正比。现代图书馆要想在信息社会中获得发展，实现自己的社会价值，得到社会承认，就必须向社会提供高质量的信息服务。

与传统观念不同，现代图书馆必须对政治经济提供直接支持，走出象牙塔，真正参与社会经济、政治建设。

（五）现代图书馆的战略实施

1.现代图书馆的宏观管理。现代图书馆应该积极发展图书馆的协作网络，开展图书馆合作，实现真正意义上的资源共享。各个图书馆之间要加强合作，国家的宏观管理必不可少。但与以往的宏观管理不同，国家的宏观管理将重点落实在协调和服务上，以促进现代图书馆的网络化发展。只有国家充分重视，现代图书馆协作网络化建设的健康发展才能有保证，才能避免各自为政、重复建设。

2.现代图书馆的业务流程。传统图书馆的业务流程是从图书馆自身的工作出发，按照分工理论，将图书馆的业务工作划归不同的部门，一本书从入馆到与读者见面，要经过几十道工序，每道工序又划归不同的部门，部门之间协作困难，工作效率低，浪费了大量的时间。现代图书馆将充分采用现代信息技术，提高工作效率，为用户节省时间。

3.现代图书馆的组织结构。传统图书馆是按职能划分部门，分层分级，形成一种金字塔式的组织结构。现代图书馆把用户放在第一位，从用户的角度出发，设计组织结构。决策层次下移，管理人员的传统职能削弱，管理人员数量也相应减少，最终管理层次势必减少，真正实现集权与分权有机结合，使现代图书馆整体管理更合理、更有效率。

4.现代图书馆的文献资源建设。现代图书馆的文献资源建设概念应深化、扩展为信息资源建设。在馆际互借与资源共享的前提下，利用有限的经费，购买重要和适用的传统文献，同时加强各类型数据库的建设。在此基础上，现代图书馆的信息资源建设还要突出本馆特色。

5.现代图书馆的人力资源管理。现代图书馆对图书馆员提出了更高的要求，他们不仅要有图书馆学、情报学及其他专业的知识，还要有其他方面的能力。他们还需要具有开放观念、服务观念、用户观念、经济观念、效益观念、资源共享等观念。现代图书馆的人力资源管理与以往相比有很大变化，工作人员需要接受全面的教育，不仅要会做复杂的工作，而且需要有成熟的判断力，以及更多自主权。

6.现代图书馆的领导。现代图书馆的领导不再是高高在上,为别人设计什么时候做什么事,甚至怎么做,也不再是不顾实际情况只求达到某些数字要求,以监督为主要职责。他们应起领头作用、促进作用,是图书馆员的工作指导,良师益友。此外,领导的方式和手段也发生了变化,不再仅仅依靠行政命令,而是要根据权变理论,具体问题具体分析。

7.现代图书馆的组织文化。组织文化主要是指组织的指导思想、经营理念和工作作风,包括价值观念、行为准则、道德规范、文化传统、风俗习惯、典礼仪式、管理制度以及组织形象的总和。现代图书馆的建设需要对传统图书馆做出较大变革,改革的成功需要全体馆员积极配合。组织文化从整体上描述了组织成员共享的价值观、思想意识,图书馆如果自身有很强的文化特色,将会激发工作人员的热情,统一全体员工的意志,为现代图书馆建设提供原始动力。同时,建立良好的组织文化有利于树立图书馆的健康形象,引起领导重视,争取社会的支持和合作,吸引更多的读者和用户。

第六节 图书馆战略规划

一、战略规划概述

(一)战略规划的兴起与发展

战略规划原是军事学中的概念,意为对战争进行总体的谋划,其特点是长远性和整体性,以区别于针对具体的局部战斗的战术计划。

随着时代的发展,战略思维方式逐步扩展到社会生活的各个层面,从国家政治决策到社会经济发展等领域的战略规划开始出现。大量关于战略规划的论文、书籍纷纷涌现,企业规划在这门新兴学科的快速发展中得以普及。战略管理中的规划学派和学习学派等都对战略规划的理论发展做出贡献。

20世纪60年代,战略规划成为以系统、综合和长远的眼光统筹企业的各项活动的代名词,大部分大型的美国公司建立起规划部。公司和政府为更广泛地积极研究"科学"决策技术做出不断的努力,这些技术包括成本效益分析、贴现现金流评估、线性规划、计量经济学的预测方法和宏观经济学需求管理等。许多经济学家和社会评论家认为,公司和政府做出的科学决策和理性规划要比市场经济的无计划活动方式更具优势。

公共部门历来就有借鉴私人部门管理经验和技术的传统。公共部门战略规划的兴起既受到私人部门战略规划的示范性影响,也是公共部门管理改革和环境变化的必然结果。在私人部门战略规划和战略管理模式的积极影响下,公共部门战略规划和战略管理也随之兴起。兴起于企业界的战略规划技术在公共部门逐渐引起了研究热潮,从战略规划的制定到战略规划的实施,包括了从计划、决策到组织与领导的管理、评估等全过程。

进入21世纪,战略规划在国内外的高等教育、城市发展、信息系统管理等领域得到更为广泛的应用,其作用的发挥也直接影响到公共文化服务领域的图书馆事业。

(二)战略规划在公共部门的延伸拓展

公共部门通过掌握和运用公共资源,为社会提供公共物品或服务,其行为的价值取向是公共利益,即:与企业不同的最大特点是把追求和维护公共利益作为自己的行为目标。公共特性决定了公共部门不可能像企业一样仅仅只追求经济目标,社会公平和正义等价值问题应该是其战略管理所需考虑的首要前提。

传统的公共部门管理重心大多局限于内部的、常规的和短期的目标与事务,伴随着信息化和全球化的浪潮,公共部门的转制、变革势在必行。兴起于20世纪80年代的"新公共管理运动"促使战略规划从私人部门向公共部门普及,成为一种新实践模式和新理论范式。战略规划理论与实践在打破传统局限方面做出很大贡献,它着眼于公共组织与外部环境的相互作用,系统考虑公共组织发展的方向性、长远性、全局性等战略问题，借助远景使命和长短期目标体系的制定，将关注的焦点由内部转向外部，从注重日常管理、常规管理转向对未来的发展管理和危机管理，从而确保公共利益的实现。公共部门的战略规划通过对组织内外环境因素、长期发展目标以及组织预期角色与战略资源匹配的关注，以提高组织实现其使命和发挥社会职能的内在能力。

二、图书馆的战略规划

（一）图书馆战略规划的特征

1.管理实践层面。

第一，战略规划活动的社会性决定了其自身必然要受到来自主观和客观因素的双重影响。图书馆馆长进行战略规划的能力受到其自身的制约，规划也在或多或少的限定条件下被制定。以高层管理者为主的个人意志和不确定的社会变革导致图书馆的战略规划远未达到理想的运行效果。

第二，国内图书馆的发展规划活动起步较早，但长期以来并未真正将战略规划作为管理方法，缺乏足够的行业自主性和规划主动性，多依靠或参照上级行政主管部门的工作方案制定，或被动接受自身的发展路径。国外图书馆对战略规划的运用则较为深入、务实，来自企业界和新公共管理领域的先进经验促使发达国家的图书馆战略规划卓有成效。

第三，我国图书馆界对战略规划的重视程度不够，许多图书馆并未建立科学、严谨的规划分析与制定程序。与国外图书馆相比，战略实施的保障机制和评价体系更加缺乏，直接影响着战略绩效的彰显和社会职能的发挥。

第四，我国图书馆的战略规划周期多与国民经济发展同步，内容多为年度计划的汇集或表现出目标泛化的特征。

第五，国外图书馆战略规划的制定重视法律依据，强调规划过程更甚于重视规划结果，广泛邀请业外人士参与规划活动，以及重视规划执行的评价与更新等都是国内业界所缺乏，并值得借鉴学习的。

第六,在发展模式方面,图书馆不具备企业生命周期的规律性,其生存发展主要受公共利益的制度性保障规律支配。

第七,在战略目标方面,公共利益与私人利益的追求是图书馆与企业在战略目标诉求上的最大差异,由此导致了两者在战略主导思想和行动策略等方面的诸多显著区别。

第八,在战略选择方面,图书馆在战略定位时不具备企业对于行业选择的自由性,公共文化服务是其存在的根本理由和研究的逻辑起点。

2.理论研究层面。

第一,我国针对图书馆战略规划的研究以理论思辨和经验总结为主,多限于基础理论构建和先进成果引进、借鉴的阶段,规划行为的规律探索和战略绩效的评价检验等方面的实证研究较为欠缺。相比较而言,国外的研究则以实证分析和业务指导为主,实践意义凸显的同时仍能保持一定的全局意识和理论深度。

第二,国内规划研究的周期性较为明显,通常与国民经济发展的五年规划一致。国外的规划时限则长短不一,多以经费资助机构的财政年度为依据。

第三,国内的大型、专项研究以政府资助为主,由特定的学术委员会确立研究方向。国外的研究则多属非政府组织的行为,也有个人的独立调查与著述。

第四,学科交叉的研究现状促使图书馆界纷纷汲取生态学、信息经济学等学科的营养,尤其是工商管理领域的战略管理理论被大量引入图书馆的战略规划研究与实践中。在吸收、消化的过程中融入了公共部门的非营利特点,正逐渐形成拥有自身职业特征的理论体系。

第五,国内的战略规划研究对象涉及公共、高校、科研、军队、中小学等多种类型的图书馆,涵盖面广,层次细化。国外的研究视野则多关注公共图书馆,而关于高校图书馆的成果较少,其他类型更加少见。

第六,国内的规划发展考察对象较多地涉及地区乃至国家层面的图书馆事业,宏观特征明显。国外学者则致力于个体图书馆的规划研究,表现出较强的专一性。

3. 规划文本层面。

第一，从规划文本的核心内容来看，我国图书馆的战略发展目标是逐渐由图书馆自身建设向社会需求转变，战略发展途径是逐渐由个体机构向行业联盟乃至更大范围的跨行业的多元协作扩展。

第二，我国的许多图书馆并未制定规范的规划文本，纲领性指导文件的缺位往往导致日常工作疲于应付或发展重心游移不定的后果。以工作计划替代战略规划体现出管理行为的随意性和个人决策过程中过强的主观色彩。

第三，国内规划文本的编制依据多为上级部门或行业的政策性法规文件，缺乏对更大范围的发展环境的考察。国外图书馆在此方面显得较为客观、合理，大多都运用了战略规划的成熟理论和方法作为规划制定的科学依据。

（二）图书馆战略规划的意义

1. 促进发展策略范式的变革。图书馆的发展历程中并不缺少计划与策略，如果将战略规划出现之前的阶段称为传统计划范式，那么它往往意味着随机性、应急性、分散式和基于主观评价的决策，而战略规划范式则表现为一种系统性、主动性、团队式和基于客观分析的决策。传统计划范式追求的是基于业务需求的目标制定，反应式的问题解决模式，面对的是较小的风险和模糊的导向焦点，而战略规划范式则朝着基于组织使命的目标制定和前瞻式的问题解决模式转变，面对的是较大的风险和清晰的导向焦点，当然，随之带来的往往是巨大而意义深远的组织变革。

2. 增强管理活动的绩效。

第一，战略规划一方面能够帮助组织识别长期发展中的关键事务、阻碍、问题及机遇，并通过战略活动予以响应；另一方面有助于形成针对财务预算和短期业务的参考框架。

第二，战略规划活动能够识别并设计整个组织的发展目标，进而为实现整个战略而设置行动步骤，通过制定可行的目标，协调为实现目标而开展的各种行动，以此提升服务绩效。

第三，图书馆能够利用规划技术实现资源的有效分配与利用，并确保组织的使命、愿景与具体业务密切结合，以此提高工作效率。

第四，战略规划为图书馆提供评价潜在风险和创新思维的可能，通过确立基于团队任务的组织模式来突破传统的等级结构，以此强化、变革传统业务并致力于创新服务的开发。

3.提升领导的决策水平和管理质量。对于图书馆的管理和决策者，从思想观念上，战略规划为其提供一种组织安全感和逻辑意识，令其对掌控组织发展方向和步骤拥有更大的信心，同时通过一种分析、考察复杂环境的结构性方法，最大程度地质疑和挑战那些传统意义上的认识。从管理策略上，战略规划协助管理者聚焦关键事务，进行关于组织战略目标的决策，并提供针对组织、部门和个体绩效的测评基础。从业务水准上，战略思维和规划行为能够促使管理者提升管理动机和职业道德，将具有战略重要性的事务管理水平提升到超出常规运作的标准。

4.增进图书馆员工的职业认知和价值构建。图书馆的员工通过对规划分析与制定过程的广泛参与，能够在战略意识层面得到显著的提升和完善。

第一，对环境的变迁以及图书馆对此的应对策略、竞争优势拥有更好的认识，进而对发展目标和战略定位拥有深入的理解和认同，有助于处理好个人诉求与组织目标、个体职业生涯与组织战略发展的关系。

第二，规划活动为图书馆员工提供充分发表见解、交换思想的机会，促进团队创新，提升职业道德和团队精神，为战略规划的协作完成奠定认识前提和思想基础。

第三，规划的过程和氛围赋予图书馆员工更大的责任感和主动性，有利于确立、稳固组织愿景，激发奉献精神，充分调动参与规划实施的积极性和创造力，促进个人价值与组织使命的密切关联。

第四，作为一套参考框架和思维模式，战略规划将组织文化、价值、愿景和使命等意识形态转化为积极的心态、开放的理念、团队的荣誉、职业的自豪，以及以公益价值为导向的主人翁精神。

三、影响图书馆战略规划的因素

(一)图书馆内部的影响因素

1.图书馆资源因素。

(1)图书馆馆藏资源:馆藏是图书馆开展服务工作的基础与前提,是图书馆赖以生存的必要条件,“图书馆收集的各种类型的文献资料综合简称藏书或馆藏,是图书馆赖以存在的物质基础,是满足读者需求的根本保证,也是图书馆开展读者服务的物质基础”。馆藏作为从古至今图书馆提供服务的基本条件和前提,在不同等级的大、小图书馆都有推荐的数量标准,这点是需要图书馆管理者重视的。当今馆藏的概念包含实体馆藏与数字馆藏,因而馆藏的数量已经不仅仅由图书馆实际藏书量的大小决定。

(2)图书馆人力资源:现代图书馆员学科背景单一、知识技能结构单一的情况,导致图书馆缺少能够开展高层次、高质量信息服务急需的各类复合型人才,人员配置存在结构性短缺的状况。因此,作为图书馆运营的活的“资源”,基础扎实、业务熟练并且受到定期培训的图书馆管理员是各馆急需的,也是判断各馆管理水平优劣的关键。

2.图书馆服务因素。服务是图书馆的一个重要领域。印度著名图书馆学家希·拉·阮冈纳赞提出的图书馆学五定律和图书馆学家迈克尔·高曼在1995年提出的新五律,摒弃了传统图书馆重藏轻用的理念,充分强调图书馆服务的重要性,使得图书馆的定位发生了变化,回答了图书馆存在的理由:服务才是现代图书馆的标志。

当理论界在探索图书馆学基础理论,并关注图书馆哲学、图书馆精神、图书馆权利等问题时,不可忽视服务这个图书馆永恒的主题。

3.图书馆资产因素。经费是图书馆运转的血液。专家学者认为,经费短缺有五个危害:文献资源建设得不到保证;无法及时采用现代信息技术和设备,现代化建设举步维艰;图书馆工作待遇降低,造成大量人才流失;馆舍老化,对信息服务的开展造成影响。因此,图书馆为了自身的发展,除了积极申请必要的资金之外,还要合理地利用已有的经费进行采购和维护,避免浪费与铺张。另外,有形资产是指图书馆的建筑与各种物资设备,是图书馆运行的物质基础。旧的建筑不加以改造,会影响读者的满意度,也不利于文献保护和现代化技术的实施。

4.图书馆组织因素。在图书馆的组织因素中,管理制度、组织机制两者的重要性不言而喻。王喜和、肖希明认为,传统图书馆沿袭至今的“科层制”固然带来了诸如“机构、岗位分工专业化”“强调业务能力”“追求精确性”等优点,但也同时存在着等级化、程序化的业务流程,抑制专业馆员的创新精神,“导致服务机制僵化”“纵向激励流于形式”等先天缺陷,因此组织机制创新、组织结构转型,建立复合型图书馆组织结构就成为战略规划分析过程中的重中之重。另外,还应该遵循如“效率原则”“适当的管理跨度与管理层次原则”等先进管理理念,将图书馆制度文化建设与激励管理结合起来,并对管理人员进行不断的培训。

(二)图书馆外部的影响因素

1.宏观环境因素。政治环境、经济环境、技术环境、法律环境、行业环境、教育环境等构成了整个宏观环境因素。其中,比较重要的是经济环境与技术环境,这说明了在当前环境下,国内经济尤其是省份、区域的经济环境对于当地图书馆的发展具有举足轻重的作用,这一点在我国显得特别明显,在东部沿海地区,图书馆的经费相对于内陆西部地区来说往往更高,各种馆内设施也更为完善。

2.读者因素。图书馆一切工作的着眼点是围绕服务读者进行的,读者满意度是衡量图书馆工作的重要标准。但从我国图书馆的实际情况来看,由于不存在营利,大部分图书馆对读者依然没有足够的重视,并且没有采取措施来满足“以用户为中心”的要求,仅仅流于形式。当今业内对于图书馆战略规划的制定并未能充分考虑读者的客观条件与需求，这在我国图书馆战略规划制定过程中值得深思。

3.竞合因素。图书馆作为公共文化服务体系建设中不可或缺的一部分，应加强与其他部门的广泛合作。除了与行政（如图书馆与政府部门、教育部门）和同行（比如文化馆、博物馆等）业务往来外，图书馆与其他文化娱乐机构合作的机会很少。另外，社会对图书馆的评价也是社会因素中一个突出部分，要让图书馆做到急社会所需，尽可能地提高社会对其的评价，将以往“行政、事业”味浓郁的公共部门，转变为人们心目中获取知识、休闲的一个必去场所。

四、图书馆战略规划的实施与评估

（一）战略规划的实施

1.围绕战略规划分解目标任务。实施图书馆战略规划，必须充分依据馆内各部室职责、规划实施步骤以及本馆技术现状，制订年度计划，把具体目标任务分解到每个年度和每个部门，转化为部门的工作任务和个人的责任，把战略规划的实施与日常工作和读者服务紧密结合起来。分解目标的时候，首先满足读者普遍需求，其次重点完成政府的战略规划和工作任务，第三才是满足读者个性需求，按照这样的次序排序，把具体工作分解成阶段性的实施目标，然后落实到相关部室。

2.围绕目标任务确定业务流程。畅顺的业务流程有助于高效率完成战略目标和工作任务，图书馆确认业务流程主要考虑以下三个原则：①以读者服务为中心确认业务流程；②以政策为基准调整业务流程；③充分整合内部外部资源，发挥最优化的资源效益。

3.围绕业务流程建立过程监测机制。过程监测的目的，是实时掌握工作进度，发现存在的问题，在不影响战略总体进度的情况下，对原有工作计划和实施步骤及时进行调整。过程监测包括以下几点：

(1)实时监测:通过健全的沟通渠道,各部室及时通报工作进展和战略实施过程中遇到的各种问题,讨论解决办法。

(2)定时监测:各部室提供相关业务数据月报表、季报表或者年报表,综合评估阶段性目标的完成进度,通报工作进展和存在的问题,判断战略总体进度和对预期目标的偏离。

(二)战略规划的评估

1.评估的必要性。图书馆一切业务活动都是围绕读者服务展开的,任何社会贡献都是通过读者服务体现出来的,对图书馆战略规划的过程监测,第一位永远是读者服务效果。读者服务效果好,社会支持和政府投入就会源源不断而来。创新和变革是图书馆战略规划的核心,所以,图书馆必须建立一套有效的目标评价和绩效考核体系,定期评估产出(图书馆服务结果)和效益(图书馆服务绩效),以取得更好的服务效果。

2.评估指标。

(1)服务成果指标:图书馆一切业务都是围绕读者服务展开的,通过对服务数据的统计和分析,以及对社会效益的调查和研究,收集各项读者服务指标,作为战略目标评价和绩效考核的指标之一。分析评估的内容:读者服务满意度、读者服务满足率、图书馆服务在城市文化生活中的作用、相关任务能否促进图书馆事业发展、本馆相关规划能否引导图书馆服务质量的提升和市民阅读行为的普及等。

(2)成本效益指标:虽然图书馆服务的社会贡献是以对读者服务的结果来体现的,但成本效益也应该是绩效测量的重要指标,必须给予重视。图书馆要引进成本效益概念,通过降低管理和服务支出、利用社会资源、提高图书利用率等措施,降低图书馆服务成本。分析评估的内容:图书馆服务成本、图书馆社会效益、图书利用率、社会资源参与图书馆建设程度、相关规划能否有效改进读者服务和能否提升市民图书馆意识等。

(3)实施过程指标:通过对过程监测和结果评估,对图书馆战略目标的完成情况和产生效果进行动态分析。分析评估的内容,具体包括特殊群体的特殊需求、应继续保持的服务亮点、相关计划能否适应社会公众需求和普遍均等的服务理念等。

(4)学习成长指标:根据需要及时调整和修订战略目标、变革组织设计或业务模式,不断提升图书馆管理和服务质量。分析评估的内容:读者需求的变动趋势、本馆服务可改进的空间等。

第三章　图书馆服务与质量管理

第一节　图书馆服务建设

一、图书馆服务概述

（一）图书馆服务概念

图书馆服务是指图书馆面向读者所开展的服务活动或服务项目的总称。随着社会的发展、科技的进步，图书馆服务的内容和模式将不断改进和变化，图书馆服务也在不断发展和延伸。

（二）图书馆服务特征

图书馆服务是一种特殊商品，除具有一般服务产品的特征外，与其他行业的服务相比，图书馆服务表现出如下独有特征：

1.图书馆服务的公益性。我国图书馆主要是由政府、社会团体、学校等设立，其藏书设施是公有的，工作人员劳动报酬和购书经费、活动经费由政府、社会团体、学校等拨款，是政府或单位花钱雇人为公众或单位所属人员服务，这也决定了我国图书馆的公益性。图书馆服务的公益性主要表现在：满足人们获取知识信息的需求、保存文化遗产的要求、知识信息自由的要求等。

2.图书馆服务的公平性。公平性要求图书馆以博爱精神关爱每一个公民、尊重每一个公民，坚决维护公民的合法权益。《公共图书馆宣言》指出："每一个人都有平等享受公共图书馆的权利，而不受年龄、性别、宗教信仰、语言和社会地位的限制。”

2008年，中国图书馆学会通过的《图书馆服务宣言》明确了公共图书馆“对社区的所有成员免费开放，不分职业、信仰、阶层与种族”的服务原则，这体现了图书馆服务的公平性。主要体现在：公民平等享有利用图书馆的权利、平等享有参与和监督图书馆管理的权利、平等享有对图书馆工作进行评价的权利、平等享有图书馆设施和服务的权利、平等享有遵守图书馆规章制度的权利和义务、平等享有图书馆资源的权利等。

3. 图书馆服务的针对性。不同类型的图书馆，根据各自的性质和任务，确定服务目标，制定服务策略，针对不同读者开展特色服务，满足读者需求。例如，针对儿童，除提供少儿读物外，还可以提供玩具、讲故事、儿童电视节目和录像放映等服务；针对大学生、中学生、小学生提供适合他们学习和成长需要的知识信息服务；针对专家学者，根据其研究方向，提供适合的知识信息服务，如定题跟踪、科技查新等服务；针对老年人，提供消遣性资料与卫生保健书刊等服务。

4. 图书馆服务的读者参与性。读者参与性也是图书馆服务的一个重要特性。服务是通过馆员和读者之间的互动关系完成的，没有读者参与是无法进行的，因此高水平的服务，不仅是图书馆的责任，也包括读者的责任，读者必须遵守社会公认的行为准则和图书馆合理的规章制度，并为馆员提供必要的信息，配合馆员的工作，他们才能获得更优质的服务。

（三）图书馆服务原则

图书馆服务与其他行业的服务有着本质的不同，它所遵循的原则包括开放、便捷、平等、创新和满足。这些原则的执行推动图书馆提供更加完善的服务，使其能够更好地满足读者的需求，从而提升社会的文化水平。

1. 开放原则。开放原则是图书馆服务的基础，它是评价服务质量高低的前提条件，不能对外开放，就毫无服务质量可言。现代图书馆的开放性体现在资源的充分使用、工作时间的灵活性配置、人员的自由流动以及馆务的透明化上。

2.方便原则。图书馆服务的核心原则是提供便捷的服务,这是所有服务的共同目标。没有便捷的服务将不会受到欢迎,甚至会被抛弃。方便是服务的本质,也是服务的核心。图书馆应当以方便读者为宗旨,其中包括:合理安排馆舍位置、合理组织资源、完善服务设施、提供便捷的服务方式等。

3.平等原则。"图书馆面前人人平等",也被称为"人权声明",旨在倡导公平原理,以博爱的精神关怀每一位用户,充分尊重他们的权利,切实保护他们的权益。

4.创新原则。创新是一种不断发展的思维方式,它涉及理念、内涵、方式和方法等多个方面。先进的产品理念是创新的基础,它不仅是一种品牌,更是一种文化、一种获得。从图书馆服务的发展来看,其必须不断创新和拓宽服务内涵,特别是加强信息和便民服务。通过创新方式和方法,可以摆脱以往单纯的资料外借和内阅业务方式,借助现代平台,实现各种数据库、知识库在线查询,以满足不同用户的需求。

5.满意原则。满意度是评价图书馆服务水平的重要指标,它是图书馆服务水平的重要核心原则。满意度包括理念满意度、行为满意度和视觉满意度。通过提供创新的产品,图书馆可以让读者感到满意,并且能够更好地理解图书馆的工作。

满意原则是现代图书馆业务的核心,也是第一原则;开放性原则是另外四个原则的基石,它创造了一个更为开放式的环境,以适应阅读的需求;方便原则是为阅读创造更为便捷的信息服务方式;平等原则是为阅读创造更为个性化的信息服务方式;创新性原则是为阅读创造可持续发展的动力;满意原则是为阅读创造一个更为完美的信息服务方式。

(四)图书馆服务理念

服务理念是图书馆发展的核心,是人们从事服务活动的指导思想,是实现服务价值的基础，是规范服务行为的准则，是图书馆发展的灵魂，是服务行为的指导原则。它包括服务宗旨、服务原则、服务目标、服务方针、服务精神、服务使命、服务政策等。服务理念还具有前瞻性、继承性、传播性、公开性、独特性、顾客导向性、挑战竞争性和深刻性等特征。

图书馆服务宗旨是一种指导，它体现了图书馆的宗旨、原则和目标，意在为用户创造优良的服务。它不仅是图书馆业务的核心内容，更是图书馆的标志，代表着图书馆的服务形象。它是图书馆的指导、基础、前进方向和行动准则。图书馆的业务宗旨可以反映出其发展目标、价值观、质量标准以及人才培养的水平，从而衡量出一个图书馆的业务能力。

评价一座图书馆的吸引力，不仅仅是从它的面积上来评价，更主要的是它的服务。这种理念决定了图书馆的基本经营理念，决定了它的建设走向，是当代图书馆建设的主导目标和必然趋向。

二、图书馆服务内容

（一）图书馆服务内容的形态演变

图书馆的变化、服务内容与方式的发展演化与信息技术、社会文化、用户的行为模式变化等都密切相关。图书馆发生作用的界线是由文化和构成文化的各种体制规定的，它必须与时俱进，能够从文化母体和其他机构中获取新事物，摒弃旧观念，不断改变其规模、更新其形态，从而获得进化的条件与机制。

1.文献实体服务。考古发现，约公元前3000年，在两河流域的古巴比伦王朝的一座寺庙废墟附近，就有大批泥板文献被集中在一起，这是已知最早的图书馆。直到近代印刷革命和产业革命之前，古代图书馆——无论是西方的尼尼微皇宫图书馆、亚历山大图书馆、欧洲中世纪的寺院图书馆，还是中国殷商时期的“窖”藏甲骨、周代的守藏室、隋唐的书院，在整体上都表现出对社会的封闭性，由此便决定了古代图书馆以文献实体服务为特色的服务内容与方式。

2. 书目信息服务。书目的根本特点在于它组织的不是信息资料本身，而仅仅是文献线索。人们从文献实体中分离出来关于文献的信息，并为克服文献与需求者的矛盾以达到统一记录和组织这些文献信息的活动，是一切书目活动历史的和逻辑的出发点，而提供书目信息服务则是书目活动的目的和归宿。在我国，由于纸质载体和印刷技术的发明，古代文献卷帙浩繁，书目信息工作由来已久。在西方，书目信息服务大体上与近代图书馆的发展同步，进入资本主义社会后，教育开始普及到平民，文献生产能力大大提高。从而使一些大的图书馆开始向社会开放。

到19世纪中期，以英、法等国为代表的工业革命基本完成，科技书刊和文献索引纷纷出现，西方的目录学也正是在这样的经济、科技的基础上获得了快速的发展。以1895年世界性的目录学组织“国际目录学会”的成立为标志，世界目录学实现了从传统目录学向现代目录学的转变。与此同时，除了传统的文献实体服务之外，各种书目信息工作、服务和管理在图书馆中开始活跃起来，尤其是分类目录、卡片目录、各种二次文献信息产品的开发、新到书刊目录报道、推荐书目服务以及相关的书目控制、书目情报系统建设等逐步成为图书馆活动和服务的中心工作。

3. 参考咨询服务。参考咨询是指图书馆员对用户利用文献和寻求知识、信息方面提供帮助的活动，它是以协助检索、解答咨询和专题文献报道等方式向读者提供事实、数据和文献检索。参考咨询更加强调图书馆的情报职能，更注重用户的信息需求，它将书目信息服务提升为不仅为用户提供书目工具，而且还要解决实际问题。

20世纪初，多数大型图书馆成立了参考咨询部门，并逐渐成为图书馆服务中的一项重要内容。随着文献信息的激增和用户需求的增长，早期的指导利用图书馆、利用书目解答问题等服务内容逐渐发展到从多种文献信息源中查找、分析、评价和重新组织情报资料，到20世纪40年代，又进一步开展了包括回答事实性咨询、编制书目、文摘、进行专题文献检索、提供文献代译和综述等服务项目。

4.信息检索服务。信息检索是指将信息按一定的方式组织起来后,根据信息用户的需要找出有关的信息的过程和技术。狭义的信息检索就是信息检索过程的后半部分,即从信息集合中找出所需要的信息的过程,也就是通常所说的信息查寻。一般情况下,信息检索指的是广义的信息检索。

5.网络化知识服务。网络化知识服务是与信息资源的网络化和知识经济、技术创新的社会背景息息相关的,也是信息检索服务发展的必然结果。20世纪90年代之后,随着网络技术的发展和普及,图书馆的数字化,信息资源的网络化、信息系统的虚拟化,以及各种非公益性的信息机构将包括文献信息检索、传递在内的信息服务直接提供给最终用户,导致信息交流体系和信息服务市场的重组,图书馆对信息服务的垄断地位也不复存在。这些都促使图书馆必须迅速调整和充实服务的内容和策略,重新定位其核心竞争力,使现有的以信息检索为核心的服务方式向网络化知识服务方式转变,以保证其在数字化、网络化环境中的社会贡献、用户来源和市场地位。网络化知识服务是图书馆信息服务的高级阶段,是一种基于网络平台和各类信息资源(馆藏物理资源和网络虚拟资源)的、以用户需求目标驱动的、面向知识内容的、融入用户决策过程中并帮助用户找到或形成问题解决方案的增值服务。网络化知识服务具有个性化、专业化、决策性、整合性和全球化等特征,基本上属于单向或多向主动型服务。

(二)图书馆的服务内容

图书馆服务和一般服务行业有许多相同之处,比如,其服务口号都是服务至上,一切为了顾客(读者),都要与不同类型的人面对面地打交道,都存在服务态度、服务质量及在服务过程中化解矛盾。然而,图书馆服务又的确有着自己独特的服务内容。参考一般服务行业的观点,从图书馆服务角度将图书馆服务内容划分为三个层面:职能服务、心理服务和管理服务。

1.职能服务。职能服务是某一服务行业或部门所具有的特有服务,是区别于其他行业部门的独特功能。比如,饭店的职能服务是让顾客吃饱、吃好,理发店的职能服务是理发、美发。而图书馆的职能服务就是让读者获得所需要的文献信息，并能够在安静舒适的环境里阅读、学习和研究。图书馆职能服务，按其服务中所依托的重点不同可分为依托文献资源开展的服务、依托人才资源开展的服务和依托建筑设备开展的服务三个方面。

2. 心理服务。任何一个服务行业都存在一个心理服务的问题。随着社会的发展，人们的温饱、物质需求基本满足后，心理的、精神的服务便成为一种需求。因而，许多行业都把心理服务摆到了服务内容之中，心理服务是在人与人之间的服务交往中实现的。当一个读者向工作人员查询一本书或一条信息，能不能查检到属于功能服务的问题，而是不是主动热情、有礼貌，让读者感到受到尊重而高兴满意则是心理服务的问题。心理服务体现了图书馆的精神面貌和员工的思想素质，是来馆读者满意而归的基本保证。我们知道，来馆读者查询到所需图书，并不一定满意，很可能对图书馆员的态度还有意见。反之，读者如果没查阅到所需图书，只要图书馆员的心理服务到位，对读者做了耐心细致的解释，并向读者表示歉意，读者同样可以表示理解，满意而归。

3. 管理服务。管理服务有着两个方面的含义：一方面，图书馆有着庞大的读者队伍，读者的文化水平、思想素养各不相同，图书馆要制定相关措施来规范读者的行为，以确保图书馆的馆藏资源、设施设备安全、有效被使用。另一方面，图书馆员工队伍知识水平、职业素养等也参差不齐，为了保证图书馆各项工作科学、有序地开展，图书馆各项服务落实到位、保质保量，图书馆需要制定一系列的管理制度并以此约束员工行为。两种管理都是从维护广大读者的利益出发的服务行为，因而可以称其为管理服务。

第二节　图书馆服务设施

一、图书馆服务设施建设

（一）现代图书馆的服务理念

图书馆理念可以说是图书馆从业者应该秉持的职业“意识形态”。图书馆理念可以从方法论层面和认识论层面分别认识，认识论层面的理念包括平等服务理念、知识自由理念、信息公平理念、民主政治理念等。

1. 平等服务理念。服务是图书馆的生命。图书馆服务必须是一种平等服务。图书馆是否提供平等服务，主要取决于图书馆服务是否体现无身份歧视和关爱弱势群体原则。

（1）无身份歧视原则：图书馆提供平等服务的核心要求是平等对待所有的使用者，给所有使用者以普遍均等地利用图书馆的机会。平等意味着无歧视，图书馆服务中无论如何也不能出现歧视性对待任何一个使用者的现象。

（2）关爱弱势群体原则：图书馆能否真正提供平等服务，关键在于能否平等对待弱势群体，能否给弱势群体以人道主义关怀。不能给弱势群体以平等对待和人道主义关怀，图书馆平等服务便是不彻底的，甚至是虚伪的。长期以来，关爱弱势群体已成为国际范围内图书馆界贯彻“图书馆面前人人平等”原则的重要表现，由此也形成了许多相关理论和政策。

2. 知识自由理念。图书馆维护知识自由，是指图书馆尊重和维护人们自由地获取知识或信息的权利。为了维护知识自由，图书馆在管理和服务过程中必须遵循用户自主选择原则和保守用户秘密的原则。

（1）用户自主选择原则：在图书馆服务中，所谓用户自主选择，是指用户根据自己的需要和价值判断，不受他人（包括图书馆员）干涉和限制，自主选择利用图书馆资源(包括书籍、资料、设施、设备等)。图书馆尊重用户的自主选择权利,意味着图书馆员不能充当引导用户选择的角色。这里的“引导”是指图书馆员代替用户对资源的价值进行判断,从而对用户的选择产生影响的行为,而非指图书馆员为用户引路、代读、代译、代查等“服务”行为。

例如,图书馆员对读者就某一读物做出“好”或“不好”、“正确”或“错误”、“有益”或“有害”、“可读”或“不可读”等主观性价值判断的行为,就属于“导选”行为。这种“选择性提供”显然阻碍了用户自主选择意愿的实现,有悖于知识自由的原则。

(2)保守用户秘密原则:这里所说的“用户秘密”,指的是用户在利用图书馆过程中产生的隐私性信息。具体来说,包括图书馆用户登记(注册)记录、图书借阅记录、馆际互借记录、参考咨询问题记录、计算机数据库查找记录、网络使用记录等,这些记录和信息均属于用户隐私。传统上,图书馆用户信息的隐私主要涉及用户在图书馆中利用图书馆资源和服务所产生的信息,但随着互联网在图书馆中的被广泛使用,隐私的范畴超出了图书馆的界限,还包括在图书馆利用馆外资源和服务所产生的信息,如访问过的网站、浏览过的网页、访问的时间等;在馆外利用图书馆资源和服务所产生的信息,如用户的IP地址、主机名、进入图书馆网站前所访问的网站地址等。图书馆保守用户的隐私性信息,要求图书馆将所有与用户有关的图书馆记录作为机密,防止被第三方获取和利用。

3.信息公平理念。信息公平的实质是信息权利的平等,而信息权利的平等主要表现为对信息权利人的平等对待,这种平等对待的关键在于消除信息弱者、信息贫者的信息活动障碍。

(1)平等服务,消除身份障碍:公平,就是公道基础上的平等对待。平等意味着无歧视。图书馆的平等服务主要旨在消除用户人格意义上的身份区别。人格意义上的身份区别,必然给一部分用户造成信息获取中的身份障碍。图书馆服务秉持“图书馆面前人人平等”的基本原则,消除一切不人道、不正义的身份障碍。

(2)免费服务,消除经济障碍:公立图书馆提供的基本服务必须免费,这是公立图书馆的基本规则。若公立图书馆的基本服务采取收费服务的方式,必然对支付能力弱者产生经济障碍。美国图书馆协会的《信息利用的经济障碍》中明确指出:免费提供信息是公共资助的图书馆的根本使命;收费为自由、平等利用信息和服务制造了障碍;支付能力不应控制"知情"能力和"求知"能力。

(3)普遍服务,消除距离障碍:"普遍服务"内含"就近服务"之义。图书馆资源人人可获取,图书馆服务人人可获得。这是图书馆普遍服务的基本要义。提供这种惠及人人的普遍服务,是图书馆为了维护信息公平而必须遵循的服务原则。如果图书馆所提供的服务只有一部分人能够获得而另一部分人无法获得,那么这种服务便是一种不公平服务,这样的服务不能称之为普遍服务。在"无法获得图书馆服务"的原因中,空间距离(路程距离)障碍是重要原因之一。也就是说,一些人有经常利用图书馆的愿望,但因图书馆距离远而无法经常利用。消除这种空间距离障碍的最好办法就是加大图书馆的设立密度或扩展图书馆服务的空间覆盖范围,使有经常利用图书馆愿望的人群都能不受空间距离障碍的限制。

4.民主政治理念。英、美等国家的公共图书馆界大都把"支持民主"作为图书馆的核心价值来确认和贯彻。这说明公共图书馆与民主政治之间确实有某种内在联系:第一,民主政治的内涵之一是保障公民的政治权利和个人权利,"获得教育权"就是公民应享有的个人权利之一,而为了保障公民的"获得教育权",提供公共图书馆服务是必要措施之一;第二,公民通过获得公共图书馆服务,接受民主教育,成为"有教养的公民",对民主政治的顺利实施具有重要意义。

(二)图书馆服务设施布局的基本依据

对服务组织来说,服务设施的合理布局,有一些基本的标准。

1.设施布局安全性。如消防通道和安全通道的宽度、防火标志的醒目度、员工通道与顾客空间的划分等。

2.服务路线的长度。应尽量缩短服务路线的长度,减少员工和顾客走动路线的长度,为顾客和员工提供服务上和工作上的方便。

3.服务路线的清晰度。服务设施布局要符合顾客体验和利用服务的习惯,不同的功能区域要有明显的指示标志。

4.方便合作和工作环境的舒适。合理的设施布局应使顾客与顾客之间、顾客与员工之间、员工与员工之间联系方便,容易沟通,便于督导。合理的设施布局,还应造就舒适的员工工作环境,以有助于提高工作效率。

5.可进入性。所有的设施设备都要有较好的可进入性,以方便清洁与保养、维修。

6.空间的利用和灵活性。设施布局过程中,在保证一定服务条件的前提下,要尽可能提高空间的利用率;另一方面,设施的布局不仅要满足眼前服务的需要,还需适应长远发展。

(三)图书馆服务设施的布局原则

根据服务组织、服务设施的基本标准,结合现代图书馆服务实践,图书馆服务设施布局应该遵循以下几个原则:

1.以人为本原则。以人为本原则是图书馆服务设施布局的主要原则,它要求图书馆服务设施布局要符合人性的三大需求:审美需求、自然生理需求和由此产生的心理需求。这里的“人”,既指来图书馆寻求服务的用户,也包括从事用户服务和支持用户服务的馆员。因此,在图书馆服务设施布局时要考虑图书馆设施与人体自然形态之间的合适性、服务设施与人体感觉器官的匹配性等。

2.满足功能的要求。服务设施中,即使是一些艺术装饰品,也都有着特定的功能,而这种功能又是与特定空间的功能相匹配的。因此,服务设施布局必须满足服务的功能,离开了这一点,服务设施就变成了多余的摆设,既不能为用户提供良好的服务,也会浪费大量的财力和物力。在图书馆的入口区、咨询服务区、阅览区、资源存贮区、研究区、办公区、公共活动区、技术设备区,配置的服务设施及布局模式都应有所不同。

3.尽可能满足用户的各种个性化需求。目前,图书馆服务在整体上有综合化的趋向,但对具体个体用户来说,却有着明显的个性化倾向。不同类型的图书馆用户,对文献信息服务的需求都是不同的,因而对服务设施的要求也各不相同。如科研人员和高校教师,除了外借图书之外,还需查找期刊文献、参考工具书和网络信息等,因此图书馆要设置工具书阅览室、报刊阅览室、电子阅览室等,以提供更多的文献信息;又如少儿读者生性活泼,不能坚持长时间阅读,除设置阅览室和外借处之外,还可适当设置活动室。

4.效率原则。图书馆服务设施的布局要尽可能保证用户在最短的时间内接触到文献信息。目前,组织方便、高效率的读者流线,突出表现在“借藏阅”和“人机书”一体化模式的创立上,从而改变了图书馆传统的运作模式。与此同时,服务设施布局还要提供高效率的馆员工作流线,从而保证优质、高效的后台服务。

5.适应各类文献使用与管理的特点。不同类型的文献具有不同的使用和管理特点。要想科学管理各种载体的文献并充分发挥各种文献的作用,服务设施必须与文献的物理特点相适应。图书馆传统上也是根据各种文献载体的被利用特征来设置阅览室的,如报刊阅览室、图书阅览室、视听与电子阅览室等,为用户提供多种服务,既满足了用户对某些特殊文献的需要,又便于各类特殊文献的管理与被利用。

6.适应馆舍、人力等现有条件。服务设施的设置不仅要适应用户需求与文献特点,还必须根据各图书馆现有的人力、物力和馆舍条件合理配置用户最需要、最能有效利用文献的设施,以充分发挥现有馆藏文献、设备和人员的作用,最大限度地满足用户需求。

二、图书馆电子文献和多媒体服务设施

建立图书馆计算机集成系统的最终目的是能够为用户提供快速、丰富、

准确的各种数字文献信息资源。这些资源包括图书馆的公共书目数据、二次文献数据、多媒体资源等。提供这些数字文献信息资源的服务方式主要是通过各种网络系统。一方面可以通过广域网为远程用户服务,另一方面在图书馆内通过各种局域网系统为馆内的用户服务。对于图书馆业务技术方面的自动化功能,如采访、编目、检索、流通等,尤其是在提供多媒体与电子文献信息服务方面,应当进行充分调研、分析、比较,才能够设计出比较满意的服务系统,才能够受到用户和管理人员的好评。

(一)电子文献与多媒体服务的理念与特点

1.电子文献与多媒体资源。一般来说,将图书馆的馆藏纸质文献资源数字化之后,就形成了电子文献,还有从市场上购买的电子文献、网络上搜集的数据文献资源经过整合后进入图书馆的数据库,也都是电子文献信息资源。

多媒体资源就比较复杂,它是将文本、声音、图像、动画和视频技术融为一体,其存储载体有光盘、录像带以及各种类型的数字化、电子化的设备。它是通过多媒体、超文本、超媒体等技术,提供智能化的信息检索手段,让读者能够接收到各种生动的、具体的、形象的、逼真的信息,创造出一种良好的阅览氛围,促进图书馆文献的被利用。

2.多媒体服务。在开展图书馆电子文献信息阅览和多媒体服务的过程中,其服务和阅览环境还包括非物质条件,如阅读兴趣、人际关系、学习氛围等。也包括了物质条件,如电子信息资源的内容、阅读的设备和设施等硬件设施。两者相辅相成、互相促进。

(二)电子文献阅览室和多媒体服务室的建设和管理

电子文献阅览室和多媒体服务室是图书馆的读者查找电子文献和多媒体文献信息资源的主要场所,也是读者学习、应用计算机知识、进行个人创作的地方。近年来的图书馆业务实践证明,基于电子文献和多媒体资源文献的服务,都会受到读者和用户的欢迎。

从电子文献和多媒体服务的基础设施角度来看，主要应当重视对网络服务器、视频点播服务器、多媒体文献库服务器等方面设施的研究并进行合理配置。

要建设一个功能齐全、环境幽雅的电子文献阅览室和多媒体服务室，有必要设计出一套完整的实施方案，要求计算机的性价比要高，要考虑尽量避免过早被淘汰。另一方面，阅览室和服务室的网络系统不论是纯软件版还是硬件版，如果用户只能被动地检索，便不利于个性化阅览。因为读者应用计算机的整体水平相差很大。譬如说有的已经会编写简单的程序，有的在进入阅览室之前，根本就没有摸过计算机。因此，在设计这种阅览室时，最好设计两套系统兼而有之，可以相互补充。

随着图书馆规模不断扩大，电子文献和多媒体计算机的数量和上机用户之间的矛盾会日益突出。如果处理不当，也有可能会产生设备的闲置、利用率的降低，造成设备资源的浪费；另一方面，也有可能因为有的用户失去上机的机会，不能完成检索的任务。在正常的情况下，设备的利用率提高了，设备的完好率肯定会相应下降。

设备容易出故障的原因有下列三个方面：一是由于使用计算机的人不固定，缺乏责任心；二是在查阅的过程中，对系统中的文件删除或复制时的错误操作；三是病毒的破坏。针对容易出现的这些情况，应当在电子阅览室和多媒体服务室的网络上安装保护卡，并且还应当有专人进行维护。同时，还应当要求读者用户遵守阅览室的有关规定，使计算机的使用率和完好率都处在较高的状态下。

（三）读者自主利用的阅览环境

图书馆的读者除了在馆内的电子文献阅览室和多媒体服务室查阅电子文献信息资源外，还可以在办公室或自己家里通过网络检索图书馆的数字文献信息资源和多媒体资源。因此，建立能够自主利用的小环境，弥补图书馆电子文献阅览室和多媒体服务室的设施不足，从多个渠道为读者服务，也是不容忽视的问题。

建立能够自主利用的小环境,首先要考虑用户在这种环境中的角色。在网络上检索利用数字资源不同于传统的检索方法,读者是面对着运行在网络上的数字文献信息资源,不分地域、不限定时间,通过网络咨询,形成以读者为中心的格局,读者也可以由被动变成主动地选择内容。读者所拥有的仅是一台能够上网的计算机,在进行检索的过程中,还必须能够随时得到图书馆馆员的帮助,随时解答各种问题。这样,才能真正具有很强的吸引力,提高读者对电子文献和多媒体文献的检索利用效率。

三、图书馆自助借还书服务

(一)自助借还书服务概述

1. 自助借还书服务的含义。自助借还书服务是我国图书馆特别是高校图书馆普遍推行的一项服务项目。读者借助图书馆自助借还机,通过人机对话的方式,自行操作完成借还书手续,不需要管理员操作。自助借还机主要具有自助借书、自助还书、自助续借、自助缴纳滞纳金、自助查看借阅情况等功能。

2. 自助借还书服务的发展趋势。以计算机技术和网络技术为基础的自助式服务,在各行业已经成为一种不可阻挡的发展趋势。图书馆自助借还书服务顺应了这种发展趋势,在一种开放的借阅环境下,为读者提供自行查询、自行阅览、自行复印、自行借还书等自助式服务模式,这是图书馆发展的必然趋势。

早在20世纪90年代,许多西方国家以及我国香港、台湾地区就开始探索图书馆自助服务。近年来,国内许多高校图书馆、地区图书馆也积极采用这种自助服务模式,受到读者的欢迎和好评。

（二）自助借还书服务的基本需求

1. 自助借还书服务所需的借阅环境。自助借还书服务必须具备开放的借阅环境。我国图书馆很早就实现了“藏、借、阅”一体化服务模式。“藏、借、阅”一体化服务，就是读者可以随意浏览，自由选取图书，找自己所需要的资料，可以就地阅览、外借、复印。这种自由开放的借阅环境为自助借还书服务创造了优越条件，真正体现了全方位开放的服务模式。

2. 自助借还书服务所需的技术基础。自助借还书服务必须以先进的网络技术和管理技术为基础。以湖南师范大学图书馆为例，该校图书馆为湖南省高校数字化图书馆，具有先进的网络技术、数据库技术与设备；同时分布于各大阅览室的自助借还机收集的借还书数据，依赖先进的网络技术被传输到图书馆网络中心进行储存、分类处理。并且实行了先进的一卡通管理模式。通过一卡通，读者就可以在图书馆各阅览室的自助借还书机上借还图书。一卡通管理模式的实施，为图书馆自助借还书服务打下了良好的基础。

（三）自助借还书服务的意义

1. 自助借还书改变了图书馆的服务理念。自助借还书服务使图书馆的服务理念发生了变化，以往图书馆“重藏轻用”的思想观念转变为“藏用并重、藏用结合”，把为读者服务、提高为读者服务的质量放在首位。

2. 自助借还书改变了图书馆的编目工作。自助借还书服务促使图书馆编目工作向规范化、标准化发展。图书编目是图书馆一项很重要的工作，实施自助借还书服务，图书编目的各项工作就必须以机器识别为标准，如分类、编目、磁条粘贴、馆藏条形码粘贴等。

3. 自助借还书提高了图书馆的图书流通量。自助借还书服务使图书馆的图书流通量得到很大提高，以湖南师范大学图书馆为例，之前本科生外借书平均5本、研究生外借书平均10本，借期3个月，而实施自助借还书服务后，本科生和研究生的借书量全部提高到20本，借期为2个月，图书馆的图书利用率得到极大的提高。

4. 自助借还书服务延长了借还书服务时间。以往各馆各阅览室开放时间有限，自助借还书服务延长了图书馆的服务时间，读者可以利用自助借还书机办理借还书手续，极大地方便了广大读者。

5. 自助借还书服务减轻了图书馆员的工作负担。自助借还书服务使图书馆员从繁重、重复的工作中解脱出来，便于从事其他更有意义、更深层次的读者服务工作。

6. 自助借还书服务能提高读者的自主能力和素质。图书馆实施自助借还书服务，是图书馆对读者的高度信任。读者可以自主控制图书的借还，不需要接触图书馆员，也不需要顾及图书馆员的情绪。读者在一种安静、自由、轻松、愉悦的环境下借阅图书，在不超越图书馆规定的借书数量和借阅时间的情况下，可以完全根据自己的意愿借还图书，极大地提高了读者的自主意识与能力。图书馆实施自助借还书服务，读者可以充分感受到图书馆对自己的高度信任。这种信任感可以约束读者在借还书活动中的不良行为，能促使读者自觉遵守图书馆的各项规章制度，对提高读者的素质具有积极意义。

（四）自助借还书系统的局限性

1. 拒借拒还现象时有发生。借书流程中，读卡器通过检测借书证提供的信息，判断读者状态是否正常，对状态不正常者，系统拒绝办理手续；当待借图书的磁场过大时，系统也直接拒借。还书流程中，扫描器通过对待还图书条形码实施扫描，读取信息，判断目标图书是否超期，对超期图书，系统拒绝办理还书手续。当系统拒绝办理业务时，读者只能请求图书馆工作人员提供服务。如果读者被自助借还书系统拒绝的情况发生在开馆时间，读者只需移步于人工借还处即可办理相关手续；如果被自助借还书系统拒绝的情况发生在闭馆时间，读者只能放弃，另行选择图书馆开馆时间办理手续。无论读者是在开馆时间还是在闭馆时间被自助借还书系统拒绝，其用于办理图书借还手续的时间都多于直接人工借还所需的时间，即只要自助借还书系统拒绝办理业务，读者用于自助借还书的时间成本将高于直接人工借还书所需的时间成本。

2. 无法充分识别读者的违规行为。自助借还书系统只能根据条形码及埋藏于图书中的磁条的磁场强弱防范借还书过程中把多册书当成一册或抽换图书等违规行为，对于图书污损、只归还贴有条形码及磁条的图书封面或把图书的内容调包等违规行为目前尚无有效的防范措施。人工借还书过程中工作人员能够及时发现图书被污损或调包等情况，及时发现违规者并对相关责任者进行教育或处罚，对有违规意向的读者起到了一定的威慑作用。自助还书系统对读者违规行为防范功能不强，这为少数自利的、公共道德水平较低的、以“偷书不算偷”为由的读者在图书使用及借还过程中发生违规行为提供了机会。已应用自助借还书系统的图书馆普遍反映自助借还图书的污损率及丢失率明显高于人工借还的图书。

3. 工作效率受制于读者。自助借还书实质上是把本应由具有技术优势的图书馆工作人员完成的办理借还手续的工作交由读者自行完成。读者操作系统的效率决定于读者对系统的了解程度及熟练程度，熟练程度则取决于使用系统的频率，使用频率越高，熟练程度越高，自助办理借还手续的时间越短，速度越快，系统的工作效率越高。读者使用自助借还书系统的熟练程度低，系统的工作效率也低。使用自助借还书系统频率高的读者，其自助办理图书借还手续所需的时间与工作人员为其办理所需的时间基本相同，自助借还书系统显示出较高的工作效率。不熟悉自助借还书系统使用的读者，对系统的操作速度慢、出错概率大，自助办理图书借还手续所需的时间比工作人员办理所需的时间要长得多，自助借还书系统的工作效率低是不言而喻的。

第三节　图书馆服务创新

一、图书馆个性化服务

个性化服务是20世纪90年代开始出现的一个全新的服务理念,它很快成为信息服务领域研究的一个热门话题。个性化服务早已成为数字化环境下信息服务机构的重要发展方向,甚至成为信息服务机构可持续发展的关键因素。当前,个性化服务延伸到了很多领域,如新闻网站、信息检索系统、资源推送系统等。图书馆作为服务社会的文献信息中心、学习中心,针对用户需求开展个性化服务就显得尤为重要和迫切。

个性化服务作为数字环境下图书馆特色服务的进一步深化,摆脱了传统思想的束缚,为图书馆的生存与发展带来了新的思路与希望。在数字图书馆领域中,研究用户的行为和习惯,对不同的用户采取不同的服务策略,从而使其信息需求得到最大限度的满足,已经成为深化和拓展图书馆服务的迫切要求和图书馆界需要解决的重要课题。

(一)图书馆个性化服务的内涵

1.个性化服务的含义。个性化服务的实质是一种以用户需求为中心的服务。在图书馆领域,个性化服务又被称作个性化信息服务或个性化定制服务,它不仅可以有效地解决用户“信息过载”和“信息迷航”问题,而且可以极大地提高图书馆的服务质量和资源的利用率。信息的个性化服务是相对以往整体式服务而言产生的一种新型服务方式,已经逐渐成为当代图书馆新型服务模式的主流。

2.个性化服务的特点。

(1)服务时空的个性化:服务时空的个性化是指突破传统的时间和空间的限制,由用户自己决定享受服务的时间地点。

(2)服务对象的个性化：它既可以针对单独的个体，也可以是具有相同特征的特定群体，因为同一层次、类型、地位、生活背景下的个体有着相似的信息需求。

(3)服务内容的个性化：它随着用户信息需求的发展而发展，所提供的服务不再是千篇一律，而是各取所需、各得其所。它既可以满足用户的专业需求，也可以满足用户的临时性需求。

(4)服务方式的个性化：它立足于用户的信息使用行为、习惯、偏好、特点和特定的信息需求，可以根据用户的个人爱好或特点的要求来开展服务。

(5)服务目标的个性化：它包括为用户提供信息内存和系统服务两个方面。

(6)服务支撑技术的个性化：它是动态的、不断发展的，既可以包括目前支持图书馆网上个性化信息服务所需的Web数据库技术、网页动态生成技术、数据报送技术、过程跟踪技术、数据加密技术等支撑技术，又包括智能代理技术等即将成熟的其他支撑个性化信息服务的技术的研究及其应用。

(二)图书馆个性化信息服务基本实现方式

1.个性化定制服务。个性化定制服务可分为个性化界面定制服务、个性化信息检索定制服务、个性化内容定制服务等。

(1)个性化内容定制服务：个性化内容定制服务，主要是用户根据自己的爱好、信息需求来定制信息，可以通过图书馆网站提供的内容模块选择，也可以自己向图书馆提出相应申请。

(2)个性化信息检索定制服务：个性化信息检索定制服务，用户可以根据自己的检索习惯和要求选择相应的个性定制，例如检索历史分析、个人检索模板、个人词表定制、检索工具、检索式表示方式、检索结果处理定制等。

(3)个性化界面定制服务：个性化界面定制服务，用户根据个人喜好选择网站界面的风格，可以直接选择网站提供的模板，也可以进行个性化的模块选择，例如界面的颜色、内容排列的方式、界面的整体结构等。

个性化定制服务的实现方式需要注意的是对用户安全和隐私的保护，用户个人信息一旦泄露，就会失去对图书馆的信任，所以图书馆要提供保证隐私安全的相关技术。

2.个性化信息资源管理服务。当今社会信息资源已经成为重要的竞争资源，图书馆属于信息资源管理中的一员。以高校图书馆为例，由于学科专业与科研方向存在差异，所以高校图书馆要结合本校的专业特点与教研方向来对信息资源进行分类、组织。在保证信息资源丰富的前提下，为用户建立个人定制的私人信息数据库，用户可以根据自己的需要和兴趣爱好完全自主地定制编辑私人数据库，用户可以依据自己的理解对信息进行分类、归纳、整理，为用户管理信息提供个性化帮助。

高校图书馆可以建立特色数据库、专业学科库等特色资源馆藏为用户提供个性化信息服务，还可以通过引进信息资源整合系统为用户提供个性化信息服务。该技术使图书馆的各个馆藏数据库之间进行统一检索，实现无缝连接。各高校图书馆还可以建立图书馆联盟，通过信息资源整合技术使得各图书馆之间的信息资源实现共享，避免馆与馆之间资源浪费。该服务模式的发展会受到图书馆经济、政策等条件限制。

3.个性化信息推送服务。个性化信息推送服务是以计算机网络技术为支撑，根据用户信息需求，与图书馆网站建立契约关系，使得个性化信息服务系统主动将有用信息推送给用户，减少用户盲目搜索，提高信息检索获取效率，为用户节约时间和带宽等网络资源。

信息推送服务分为几个步骤，首先用户通过图书馆提供的个性化系统，输入或选择自己的基本信息、兴趣爱好等。然后个性化信息系统自动或人工对信息进行分析、筛选、整理，得出用户的信息需求模型。此外，根据用户的信息需求关键词在信息库或其他资源库找到与用户需求相关的信息，按照用户的定制要求对信息进行分类、整理，最后将信息按时、主动地推送给用户。

4.个性化互动式服务。互联网发展使得图书馆与用户之间的互动越来越重要、便捷，图书馆由传统的被动服务方式转变为动态的服务方式。目前图书馆网站的互动服务类型主要有三种。

(1)实时互动:图书馆员与用户借助即时聊天工具进行互动,例如QQ聊天、微信、在线咨询等。

(2)延时互动:用户可以通过将遇到的问题或者需求以留言、邮箱等方式发送给对方的方式进行互动。

(3)合作互动:常见的有图书馆对用户的调查,如调查问卷等。

用户在与图书馆互动过程中可以获得所需信息,同时图书馆还可根据用户的行为分析出用户的信息模式,该模式在服务过程中经过反馈不断进行修改,从而为用户提供个性化信息服务。

5.个性化信息素养教育服务。图书馆是承载信息的重要场所,高校图书馆更是肩负着对学生信息素养教育的重任。信息素养较高可以快速获取所需信息,提高信息意识和搜索能力。还是以高校图书馆为例,其服务对象出现明显的层次性,这就使得图书馆在普及信息素养教育的基础上,还要开展具有针对性的用户信息素养教育。教育过程中可以采用嵌入式教学,即在专业课的学习中渗入信息素养教学,可以利用网络视频,将使用步骤、技巧录制成微课,实现个别学习,还可以进行小部分教育,将更专业更深入的知识通过小部分培训的方式进行个性化信息素养教育。

6.其他服务。图书馆的个性化信息服务除了上述的实现方式外,用户还可以利用个性化信息服务系统享受其他个性化服务,例如网上预约、文献传递、借阅历史查询、新书推荐等。比如高校图书馆网站建设的“我的图书馆”“移动图书馆”等都是个性化信息服务的表现,用户可以借助自己的账号、密码登录个人空间,定制管理自己的个性化信息。

二、数字参考咨询服务

(一)数字参考咨询概念

数字参考咨询服务(Digital Reference Service)是一种基于Internet的帮助

服务机制。1984年在美国马里兰大学图书馆首次被提出,主要是指在数字化、网络化的信息环境下,图书馆利用网络、计算机工具和技术,将馆藏资源与网络信息资源进行收集、整理和加工,通过电子邮件、FAQ系统、实时问答等多种方式向用户提供参考咨询服务。这种全新的读者服务模式已逐步发展成为图书馆的核心业务之一,成为现代图书馆的主流发展方向。

(二)数字参考咨询服务的一般流程

图书馆数字参考咨询服务的运行流程大致包括下列几个步骤:

1.用户提出问题。当用户使用图书馆时,可以根据自己的服务需求,选择自己需要的咨询方式发送自己的问题。

2.问题筛选、分析和分配。图书馆网站对接收到的问题进行筛选、分析和分配,对于超出范围的问题,退回给用户;范围内的问题,首先查询之前的问题和保存问题的文档,是否有相匹配的问题答案,一旦没有匹配成功,则把提问提交至咨询人员或专家处。

3.解答问题。咨询人员或咨询专家根据已有的知识或可查询到的资源解答出题目答案。

4.答案发送用户。把在保存问题的文档中匹配出的问题答案,或者咨询人员给出的答案发送给用户。

5.跟踪和反馈。对接收到的用户问题进行解答与回复的整个运作流程进行监控,同时针对提问与用户保持及时沟通,确保服务的质量与效果。当一个题目解答完毕后,将自动把题目及解答存储至知识库,以便再有相似题目时查询使用。

(三)数字参考咨询服务的主要方式及特点

图书馆数字参考咨询服务有多种服务方式。使用多种服务方式不仅能够消除由于地理原因造成的图书馆与读者之间的信息隔阂,还能够为其提供更准确的信息,方便了馆员与用户之间的交流,同时使读者的问题能更直接快速得到解决。

1.非实时参考咨询。E-mail、FAQ、Web表单、BBS、微博、留言板这些数字参考咨询服务方式都属于非实时参考咨询。

(1)FAQ:FAQ是开展数字参考咨询服务的图书馆中几乎都会用到的一种咨询服务的方式。参考咨询人员把用户使用图书馆过程中的一些具有普遍性的问题进行归纳整理,收录进常见问题库。用户再遇到类似的问题时就可以直接查询到答案,既节省了用户的时间,又避免了馆员的重复劳动。FAQ的缺点,是它仅仅能够提供一些关于使用图书馆的方法及服务的问题,对于一些专业性的问题并没有涉及。

(2)E-mail和Web表单:E-mail参考咨询是最早的数字参考咨询服务方式,图书馆网站提供E-mail地址,用户把自己在使用图书馆过程中遇到的疑问以邮件的形式发送至指定的邮箱,馆员也同样通过邮件对问题进行解答。

Web表单是基于电子邮件的一种数字参考咨询方式,用户填写有固定格式的表单表达自己的问题和需求,然后提交并发送,馆员通过邮件给予解答。

这两种方式都比较简单,但是却存在一定的局限性,读者必须有固定的邮箱;电子邮件和Web表单都存在的时间上的延时性,使得馆员对用户的问题并不能给出及时解答。

(3)BBS、留言板、微博:BBS是一个讨论系统,所有人都能就自己有兴趣的内容与其他参与者互相交流讨论,并自由地发表意见和见解,BBS具有交互性、自由开放性、异步性等特点。

留言板是借助BBS的电子信息服务系统开展的数字参考咨询服务。用户可以在图书馆的网站上留言进行咨询并获得答案。

微博是新兴的一种数字参考咨询服务方式,用户可以在图书馆的官方微博进行评论或者留言来表达自己的问题。

这三种数字参考咨询服务方式,优点是用户可以浏览、查看、共享其他用户的问题及答案,避免了部分咨询问题的重复。缺点是与之前的方式相比,使用这三种方式时,用户的隐私性比较差。

2.实时咨询。实时咨询是借助即时聊天工具QQ、微信进行的馆员与用户间的实时交流。当用户的一些问题不容易用文字来表达时,还可以借助这些软件工具的视频窗口进行面对面的交流。

QQ、微信,应用人群范围广,操作简单,及时性较强。这些优点都使咨询工作员能更全面地明确用户的需求,从而做出及时的回答。

实时参考咨询虽然能及时解决用户的问题,但是最大的问题是它并不是全天24小时的,而是限时开放的。一般来说,图书馆的同步参考咨询通常都是在馆员的工作时间范围内才开放的,往往一周不到30小时,使实时咨询服务在时间上不能满足部分用户的需求。

3.合作数字参考咨询。虽然图书馆已经有了多种数字参考咨询服务的方式,但是网络本身的开放性使来自不同地区、不同领域的用户,可能对咨询服务在时间上和知识上的需求也就有所不同,在这种环境下,单个图书馆由于受人力、物力等因素的限制,并不能在时间上完全满足用户随时的咨询需求,在知识方面也难以解答用户提出的全部问题。在这种情况下,为促进开展更高质量的数字参考咨询服务,产生了网络化的合作数字参考咨询服务,有时也被称为联合参考咨询。

合作化数字参考咨询服务由多个图书馆根据协议构成,借助网络平台及各成员馆资源,可以不受地域与时间的限制而给予用户更高质量的参考咨询服务。合作化数字参考咨询服务的基础是图书馆联盟,在联盟中资源是共知共享的,因而需要重视合作咨询联盟内的资源和服务问题。

合作化数字参考咨询服务加强了馆与馆之间的合作,提升了图书馆数字参考咨询服务的综合能力,扩大了服务的范围。建设合作化数字参考咨询服务平台是所有图书馆参考工作发展的必然趋势。合作化数字参考咨询集合各成员馆之力,突破了地域和系统资源条件的限制,提升了咨询服务能力及服务水平,更具有发展前途和发展空间。

(四)图书馆数字参考咨询服务的创新应用

图书馆要开展数字化参考咨询服务必须做好充足的准备,图书馆咨询人员、信息资源和计算机网络技术是图书馆开展数字参考咨询服务的必要条件,图书馆咨询员需要利用计算机网络技术为用户解决问题;要馆藏资源是咨询的坚强后盾,能确保咨询服务的可信度和准确度。数字化图书馆研究的重要方向之一,就是通过数字化的先进技术为信息用户提供最优质的咨询服务。

1.扩大新资源和新工具。图书馆数字参考咨询服务的最终目标就是满足用户的信息需求,传统用户表达信息需求的方式和图书馆咨询员理解之间存在着一些差异,图书馆咨询员需要建立广泛的知识交流平台,通过多种的交流方式,进一步理解用户的多样化知识需求,明确咨询服务应达到的目标,有效地满足用户的需求。

我国参考咨询系统的知识库需要完整、专业化的标准和规范,知识库的建设要严格按照标准执行,要能够与其他系统兼容。在建设图书馆数字资源库时,应当坚持优势资源和特色资源同时兼顾的原则,馆藏资源不仅表现在质量上,也表现在特色方面。

图书馆还要广泛收集网络信息资源,对于收集的特色信息要有序整理,方便图书馆员的检索。数字资源类型多样,有些需要借助媒体读取,像光盘、磁带等。有些硕博论文、专利、文献、期刊等电子图书,在计算机或是手机的帮助下,可以读取相关信息资源。用户可以根据自己的喜好选择适合的数字资源。数字参考信息资源的管理和组织工作需要得到图书馆的重视,图书馆要组织相应的工作人员对数字资源进行管理和组织,一个好的知识库的运行,需要图书馆员不断地采集和完善信息资源,使其有效地为数字参考咨询服务提供帮助,从而提高参考咨询服务的质量。

2.引进新技术和新方法。在数字化、网络化时代,图书馆数字参考咨询服务的有效开展很大程度取决于网络技术的发展,网络设施和计算机能够处理文本、图像和声音,大大节省了图书馆员的检索时间。网络是数字参考咨询服务的载体，提高网速有利于数字参考咨询服务的发展。图书馆数字参考咨询系统的有效使用离不开新技术的支持，包括数据加密技术、信息推送技术、安全身份认证技术、动态网页技术和静态网页技术等。

图书馆要有相应的软件和硬件作为载体，为数字参考咨询服务提供便利。而新技术着重将网络技术的智能化和个性化，体现在系统如何能够更主动地向用户提供信息服务，网络技术的理念在整个数字参考咨询服务的过程中至关重要。新技术的使用促进了数字参考咨询系统的开发，只有功能强大的数字参考咨询系统才能为优质服务奠定基础。尽管用于数字参考咨询服务的大多数软件具有较完善的功能，但每种技术方案都有它自己的使用范围和使用限制，都存在着相应的不足和功能上的欠缺之处，选购软件时要综合考虑诸多因素，如价格、质量、功能、便利性等。

在参考咨询服务过程中，对于用户的隐私和知识产权的保护问题要给予足够的重视，用户可以通过数字参考咨询服务系统向图书馆员提出各种问题，图书馆咨询服务人员则要为用户保密。目前，美国数字参考咨询服务的软件发展得比较成熟。对于数字参考咨询的软件要有统一的标准，便于以后的合作咨询。这种标准的制定可以由国家统一制定，也可以由图书馆统一制定。

三、高校图书馆学科服务

（一）学科服务概述

1.学科服务的概念。学科服务是围绕学科进行的各种服务。对于高校图书馆来说，就是图书馆员们围绕高校学科建设需要而提供的全方位的文献知识信息资源服务和信息技术服务。实际上，学科服务是图书馆界的一种全新的服务理念和服务模式，是图书馆为适应新的服务需要、深化服务变革、提高服务水平而采取的一项新举措，它是海量信息时代产生的一种高层次的信息服务形式。

新时期图书馆的学科服务不再仅仅是单纯地由学科馆员来开展或完成

的服务，而应该是围绕学科用户教学、科研的个性化需求，整合一切可能的与学科知识服务相关的资源和服务，建立涉及图书馆及相关部门的资源重组、机构重组、服务设计、系统架构等的全新运行机制，它是全方位面向用户服务的一个巨大体系，一个庞大的系统工程，是未来高校图书馆适应新的信息技术环境的服务机制和主要的服务模式。

综上所述，学科服务的概念应是：以学科馆员为主体、学科知识服务为核心、学科用户的信息需求为中心，以满足用户信息获取与利用最大化为目标，突破“馆”的概念与范式，融入用户物理空间与虚拟空间环境，全方位地、积极主动地、有针对性地为学科用户教学、科研提供个性化、专业化和知识化的信息资源保障和现代信息技术支持服务。

2. 学科服务的基本要求。

(1)全面系统：全面系统主要是指图书馆学科服务体系要全面系统，不仅要求学科文献知识信息资源要全面，而且学科服务工作各个操作环节要系统化。同时，学科馆员对所负责的对口学科的学科资源、学科情况要全面了解和熟悉，还要能利用各种现代传媒技术广泛宣传和推广图书馆学科资源和服务，使学科服务工作得到更多更广泛的用户的认可和信赖。

(2)方便快捷：学科用户通过学科服务能够方便快捷地获取所需的学科信息资源和咨询服务，从而及时解决其相关问题。

(3)高效利用：一方面要求学科馆员工作的高效，另一方面要求学科信息资源利用的高效，即学科用户能够高效地使用所有的学科信息资源。

(4)满意评价：通过各种手段和方式使学科服务得到学科用户的真正认可，并达到满意。

3. 学科服务的性质。

第一，学科服务是图书馆一种先进的办馆理念。随着信息技术和网络技术的迅猛发展，信息化、数字化和网络化给图书馆的生存与发展带来了前所未有的机遇和挑战。图书馆不再是文献信息资源唯一的获取地，人们对图书馆的依赖程度急剧下降，作为图书馆管理者不得不重新思考和审视图书馆的生存与发展。学科服务这一以用户为中心的、主动的、个性化的、专业化的服务为图书馆的生存与发展带来了生机与希望，它将促进和提升图书馆的核心竞争力。

第二，学科服务是一种新的服务模式。学科馆员直接融入学科用户的信息环境中，为对口负责的学科或院系、重点实验室、课题组和学科用户个人提供个性化服务。

第三，学科服务是图书馆服务工作的一种新的服务机制。各高校图书馆都相继根据本校学科建设的实际，为相应的学科或院系设置专门对口负责的学科馆员，明确了学科馆员的工作职责和目标任务以及具体的考核指标和办法，对学科服务有明确的服务要求。

第四，充分体现了以用户及用户需求为中心的服务理念，学科馆员除了传统基础性服务工作外，还要走出图书馆，融入学科用户的教学一线，嵌入科学研究过程，不仅要为其提供学科教学、科研所需的文献信息，更重要的是要求学科馆员必须了解其所负责的学科或院系的学科建设情况和本学科资源情况，为学科用户提供专业化、知识化的服务。

第五，学科服务以优化用户信息环境、提升用户信息能力为目的，为学科用户教学科研提供信息保障和支撑。

（二）学科服务创新实践

1.构建学科化创新服务体系。为了满足当今用户多元化的需求，高校图书馆需要有效融入教学科研和学术交流过程中，将传统单项式、集中式、坐等式的资源服务模式，改造成为以用户需求为驱动、动态交互、灵活支持的开放式信息交流服务模式，在保障收藏、借阅和休闲空间等功能的基础上，增强图书馆的创新能力、提升学术资源品质及学科服务效能。因此，图书馆必须按照学科主题来组织资源并提供服务，打破传统的文献工作流程，从而使信息服务学科化、服务内容知识化。

2.Web2.0在学科服务中的应用。近年来,Web2.0技术的出现加快了图书馆资源服务的创新,基于博客、百科全书等技术的学科服务方式的应用,开拓了学科服务的新模式。为了保证学科服务的有效性和高效性,构建相应的学科服务平台成为高校图书馆的共同目标。

(1)建立学科博客:学科博客被广泛用于高校图书馆学科服务,学科馆员通过学科博客能够汇集该学科的用户和资源,形成庞大的知识网络和用户网络。在这个网络中,学科馆员和用户都是资源的贡献者,学科馆员和用户可以实现即时互动,学科资源能被更准确和全面地汇集和及时更新,学科用户能够方便地发表自己对学科问题的看法以及相互间能够便捷地探讨学科问题等。学科博客内容通常包括以下方面:图书馆已有的学科资源和服务、网上免费的学科资源、学科相关博客链接、咨询解答等。

(2)建立学科服务平台:构建学科化服务平台是图书馆实现个性化、网络化信息服务的基础,是开展专业化学科知识服务的基点,它将更具有针对性地解决用户信息交流、知识共享的需求问题。

第四节 图书馆质量管理概述

一、质量管理概述

(一)质量的概念

朱兰的定义。朱兰博士认为,产品质量的核心在于其适用性,即产品能够满足用户的需求,从而达到用户期望的效果。因此,适用性是衡量产品质量的关键,它能够准确地反映出用户对产品的期望,从而使产品更加符合用户的需求。

人类在选用商品时，总会对其质量给出特定的标准，这种标准可能会受到时间、地点、选用对象、环境以及市场等多种因素的负面影响，从而导致对同一产品的质量标准可能会有所不同。因此，朱兰博士的定义既包含了使用要求，也包含了满足程度。质量不是一种固定不变的概念，而是一种动态的、发展的过程；它不仅受时间、场所和使用对象的影响，而且还随着社会的进步和技术的发展而不断演变和丰富。

用户对产品的满意度可以从性能、经济性、环境友好性和心理健康等方面来反映。因此，质量不仅仅是技术性能的提升，更是一种综合性的考量，它要求在性能、成本、数量、交货期、服务等方面达到最佳平衡，以满足用户的需求。

（二）质量管理与图书馆可持续发展

可持续发展是一种全新的开发模式，它旨在不损害后代人的共同利益的前提下，符合我们当前的需要。可持续发展在中国及全球范围内得到广泛认可。它涵盖了自然、社区政策、经济、科技、教育、社会科学文化、军队等多个方面，旨在达到可持续性的要求。图书馆是经济社会非常关键的一部分，是世界社会文化发展和信息技术的主要门户，同样也面临着可持续性的挑战。因此，图书馆建设必须具备全局视野，既要兼顾经济性，又要兼顾社会效益增长效果；既要设定短时发展目标，又要有长久计划，以达到全面建设的目标，从而适应现代社会发展对知识和信息的需要。图书馆应在追求自身可持续发展的同时，致力于为社会做出贡献。

伴随着信息时代的发展、数字化时代的来临，图书馆必须要更好地组织和运用馆内的文献信息资源，以适应当代读者的需求，同时促进本馆的发展。这是图书馆一直努力追求的目标。为了促进发展，图书馆必须重视管理。

质量管理工作是一项全面的管理工作方式，旨在确保组织的质量目标和职责，并通过策划、控制、保证和改进等社会活动来实现这些目标。它以质量为核心，以全体员工的参与为基础，旨在让用户满意，并为组织成员和社会带来实际的好处。质量管理活动源于企业内部，但随着它被提升到企业管理的高度，其已经变成一个具有广泛应用前景的理论知识、观点和管理方式。它不仅仅是一个优秀的管理工作思想和方法，而且在图书馆管理应用领域也具有巨大的潜力。

（三）图书馆质量管理思想

要深入开展图书馆质量管理学研究，需要深入研究质量管理的思想精髓，如质量管理的讲求过程控制的思想、重视记录的思想、强调文件规范化的思想、讲究协作的思想、强调领导作用的思想、全员参与的思想等等，并将其精神实质引入图书馆管理学理论与实践中去。深入研究质量管理思想，为图书馆管理学提供了新鲜的理论养料，对发展图书馆质量管理学有着重要的理论意义；在图书馆管理实践方面，它可有效改善图书馆的服务质量，确保图书馆工作质量的稳定性，能够弥补现有图书馆管理方法在质量控制方面的不足，并且能够促进图书馆工作的规范化。

（四）图书馆质量管理的基础工作

1.规范化、标准化工作。规范化、标准化工作是对实际和潜在的问题做出统一规定，供共同和反复使用，以在设定的领域内获取最佳秩序和效益。图书馆规范化、标准化工作包括文献著录规则、书目数据格式、分类法、各系统各地区的图书馆规程与规范等，是图书馆质量管理的基础和前提，图书馆规范化、标准化工作贯穿于图书馆质量管理的始终，图书馆质量管理的实施使图书馆规范化、标准化工作更具有科学性，图书馆质量管理已成为图书馆规范化、标准化的一个重要领域。

2.统计工作。统计工作是图书馆质量管理的重要技术基础，是提高图书馆整体水平、保证服务和工作质量、促进技术进步和管理现代化的重要条件，也是有效实行技术监督的必要手段。图书馆统计工作对于评价图书馆服务工作、为管理和决策提供可靠的数据、建立测量控制体系、保证质量管理体系的有效运行具有重要意义。

3.建立质量责任制。建立质量责任制是建立图书馆经济责任制的核心环节。它要求明确规定每位馆员在质量工作中的具体任务、责任和权利,以便做到质量工作事事有人管,人人有专责,办事有标准,工作有检查,把同质量有关的各项工作和馆员的劳动积极性结合起来,形成一个严密的质量管理工作系统。一旦出现质量问题,可以追溯责任,并建立起科学的奖惩制度,同时,有利于总结正反两方面的经验,更好地保证和提高图书馆服务质量。

4.质量信息工作。质量信息,指的是反映产品或服务质量的基本数据、原始记录等。要想搞好质量管理工作、掌握质量管理的客观规律,就必须深入实践,认真调查研究,掌握大量的、准确的第一手数据,也就是要做好质量信息工作。质量信息的主体是质量记录,质量记录是表述质量活动状态和结果的客观证据,也是在对产品或服务进行检验、测量、检查等方式基础上获取的真实质量信息主体。图书馆质量信息工作应注意收集读者的意见,注意搞好图书馆服务质量状况调查,要求各类质量信息准确、及时、全面、系统。

二、图书馆质量管理的社会环境

(一)信息技术的冲击

信息技术,尤其是网络技术的迅速发展,对图书馆的各个层面都造成了强大冲击,这主要表现在三个方面。

1.信息技术改变了图书馆的组织结构。传统图书馆按照等级传递信息,其信息流是严格的自上而下或自下而上逐层传递的。随着通信、网络等信息技术不断应用于图书馆管理与服务系统,信息充分共享成为可能。信息技术缩短了成员之间交流和沟通的时空距离,信息的有效流动逐渐削弱了中层管理人员的作用,从而支持组织结构由刚性的金字塔式向较柔性的扁平式转变。

2.信息技术拓展了图书馆的服务边界。信息技术提高了图书馆与外部组织之间获取和处理信息的效率，促使图书馆边界向外扩张。具体表现为：图书馆之间的合作与交流不断增多，如馆际互借、合作开发项目等；图书馆与其他部门，如企业、科研机构等的合作也日益频繁。这使得图书馆的服务项目不断扩展，图书馆的服务意识也不断增强。

3.信息技术提高了用户对图书馆的服务期望。信息技术所带来的信息快速传递，减少了图书馆与用户之间的沟通环节，降低了图书馆与用户之间的沟通与交流成本。互联网不仅为图书馆提供了成本低廉而有效的宣传方式，同时也使用户更容易介入图书馆的服务生产、传播与利用的全过程。用户可以通过电子邮件、网络论坛等途径表达自己的服务需求，提出对图书馆各项服务的建议，甚至发泄对图书馆个别工作人员的不满，从而更方便有效地利用图书馆。同时，用户对图书馆的期望值也大大提高，图书馆服务场所不再局限于图书馆建筑之内，服务方式也由面对面变为可通过网络或其他通信工具进行。

信息技术已改变了图书馆的服务职能与范围，因此，传统图书馆服务理论需要进一步发展与充实，以适应这一新的变化。

（二）竞争的加剧

信息已成为推动社会发展最重要的资源，信息技术的进步将为信息服务业提供更广阔的发展空间，越来越多的机构、人员将进入这一领域。因此，作为信息服务业重要组成部分的图书馆，将处于一个充满竞争和压力的环境之中。

1.供方。图书馆所面临的首要竞争是来自供方。作为图书馆供方的出版社、杂志社、报社、专利部门、数据库商、光盘公司等一直在提高资料的价格，这一方面增加了图书馆购买资料的压力；另一方面，这些供方企业也成为图书馆强有力的对手，同图书馆争夺已经在流失的用户。

2.买方。图书馆所面临的第二种竞争来自买方，即图书馆用户。用户的力量直接制约着图书馆的生存和发展能力。根据用户使用图书馆的不同目的，大体上可以将他们划分为闲暇型和研究型两大类。近些年，由于广播、电视、报刊等大众传媒的迅速普及，已夺走了图书馆大部分的闲暇型用户。而网络的发展，又使得原来为图书馆所专有的研究型用户成为图书馆、网络兼用型用户。以中国科学院为例，现在许多研究人员和学生都是利用本所的计算机从网上获取资料。随着图书馆用户选择的日益多样化，图书馆已丧失了在文献、信息提供中所固有的优势地位。

3.潜在进入者。图书馆所面临的第三种竞争是潜在进入者，他们的出现将打破信息服务业内的平衡，导致行业内部用户的重新分配。在潜在进入者中，网络信息提供者(ICP)对图书馆构成的威胁最大。现有的ICP凭借其更加快捷、方便、新颖、全面的信息服务已吸引了大量图书馆用户。以美国IBM的信息网络为例，它向全球90多个国家和地区的650个城市提供网络信息服务，拥有100多万用户。随着具备上网条件的用户越来越多，在未来，ICP将成为图书馆用户的主要流入领域，图书馆研究型用户很可能会成为他们的专有用户。

4.替代品。替代品的优势往往在于拥有更便宜的价格、更方便的存取途径。现在网络信息资源已经成为图书馆文献服务的替代品。而且通过网上的亚马逊书店、8848网站等，人们不但可以获得新书送上门的服务，还可以享受到一定折扣的优惠。

5.竞争对手。作为一项国家事业、一种公益性服务机构，图书馆长期以来基本上处于相安共处状态。但随着外部环境的变化和图书馆财政的不断紧缩，这种态势已经一去不复返，图书馆之间的竞争将成为不争的事实。以北京海淀区为例，在方圆不足10千米的范围内，分布着中国国家图书馆、中国科学院图书馆、北京大学图书馆、清华大学图书馆、中国人民大学图书馆等多家图书馆。虽然中国科学院图书馆、各大学图书馆是以自己的研究人员、教师、学生作为主要服务对象，但如何以特色化服务吸引更多的用户、充分显示自身的价值和存在的意义，将使图书馆之间不可避免地展开竞争。

（三）用户需求的变化

1.个性需求的回归。之所以称为“回归”，是因为在过去相当长的时期内，工商业都是将消费者作为单独个体进行服务的。在这一时期，个性消费是主流。只是到了近代，工业化和标准化的生产方式才使消费者的个性被淹没于大量低成本、单一化的产品洪流之中。另一方面，在短缺经济或近乎垄断的市场中，消费者的选择余地本来就很少，个性因而不得不被压抑。但是随着社会经济的发展，卖方市场转变为买方市场，同质产品日益增多，消费者能够以个人心理的满足作为商品选择与购买的基础，消费者的个性化需求重新得到展现。同时，网络技术的发展将进一步促进消费者个性化需求的不断膨胀。

消费者作为图书馆的服务对象，虽然角色由消费者转变成了用户，但是其需求与服务的个性化特征并没有改变，因而在与图书馆的互动关系中也就体现出了这一特性。用户的个性需求使得他们从以前的“量”的意识转向“质”的意识，从而对图书馆传统服务理念的转变提出了要求。

2.求知主动性的增加。在社会分工日益专业化的趋势下，虽然大多数消费者缺乏足够的专业知识对产品或服务进行鉴别和评估，但他们获取与产品或服务有关的信息和知识的心理需求并未因此消失，反而日益增强。这种求知欲不仅仅局限于服务或产品方面，在新闻、体育、娱乐、文化、艺术、科学、哲学还有与其工作或学习相关的专业知识上也都强烈地表现出来。这主要是社会发展速度日益加快、技术创新周期日益缩短、社会不稳定性与不确定性加剧造成的。

用户不断增强的求知主动性在图书馆的两个层面产生了影响。直接影响是用户对图书馆的馆藏资源提出了更高要求，尤其强调了馆藏资源的“新颖性”；更深层次的影响是由于新知识、新思想的传播扩散速度不断加快，使得诸如营销管理等当代热门学科的基本概念、基本思想渐为人们所熟知，具有营销知识的用户自然会对包括图书馆在内的各种服务性组织产生更多的要求。因而，传统的图书馆服务理论同样受到了挑战。

三、图书馆的优劣势

（一）图书馆的优势

图书馆作为一个公益性的社会文化机构，代表着一种维护社会公正的制度。它为社会所有成员免费、公平地获取知识与信息提供了机会，也为社会全体成员参与和分享以知识为基础的社会成果、提高自身创造能力提供了最好的公共平台。这正是图书馆区别于其他信息机构的本质属性，也是图书馆在促进和谐社会发展中较之其他信息机构的根本优势之所在。

1. 丰富的信息资源。一方面，经过多年的发展与积累，图书馆已经形成印刷型、缩微型、音像型、电子型相结合的馆藏资源格局。很多图书馆还自主开发了一批数据库。另一方面，现代信息技术推动着图书馆信息资源共享实践的发展。信息资源的共建、共知、共享从整体上提高了我国图书馆的文献保障能力，促进了相关服务的开展。

2. 系统化的信息组织开发体系。多年来，图书馆已形成了一套系统的信息分类、组织、标引及主题控制方法，为信息的采集、组织、管理和传播，为建立学科门户、网络导航、网络专业信息指南系统和指引库提供了极大方便。此外，图书馆依托丰富的信息资源，开发出了参考价值较高的书目、索引、文摘等二次、三次文献。图书馆在信息资源组织开发方面所积累的丰富经验为图书馆进一步满足用户需求奠定了坚实的基础。

3. 质量兼具的人才队伍。图书馆拥有一批工作经验丰富、专业知识扎实、业务精良的馆员，他们面对市场经济浪潮的冲击，始终坚守岗位、兢兢业业，为我国图书馆事业的发展做出重大贡献。初具规模、办学层次多样化并不断提升的图书馆学教育是为图书馆事业源源不断输送合格人才的保证。此外，继续教育及岗位培训的蓬勃开展也为馆员素质的不断提高提供了机遇和平台。

(二)图书馆的劣势

1. 管理理念与方法陈旧。这些年来,我国图书馆的“硬件”设施有了很大改善,但“软件”方面仍然比较薄弱。目前,我国大部分图书馆的管理方式仍然是政府行政管理的延伸,管理体制存在着结构性缺陷,管理观念陈旧,创新不足。其主要表现在:

(1)传统的封闭式管理模式仍然占据主导地位:一切活动都围绕着图书馆的内在要素展开,缺乏现代营销理念,不能及时有效地将图书馆的形象、产品、服务介绍给社会,使得图书馆工作长期以来得不到社会各界应有的关心和承认。

(2)忧患意识缺乏:很多图书馆尚未树立以“用户为中心”的理念,规章制度大多从有利于图书馆的文献保护和管理出发,而不考虑用户的利益,如读者在进入阅览室的时候,不允许携带自己的资料,也不允许带包,给读者造成很大的不便;还有一些图书馆,尽管建筑辉煌雄伟、设备昂贵,但衙门气十足,远远没有为读者提供应有的服务,更不用说个性化、适应用户需求的服务了。

(3)缺乏从用户角度评估与管理图书馆服务效益和质量的标准、规范:我国图书馆工作的优劣往往由上级主管部门和文化部门负责检查和评定,这就造成一些图书馆为应付上级检查和等级评定而搞一些临时性的突击活动。其实,判定一个图书馆的工作质量究竟如何,图书馆的各项服务是否符合用户的需求,图书馆服务的效果是否达到用户的期望,最有发言权的还是用户。衡量一个图书馆的好坏,并不完全在于馆舍的大小、藏书的多少,而在于它能为读者提供什么样的信息和服务。只有把服务落到实处,使每个用户都能感受到图书馆带给他们的种种便利,让更多的用户离不开图书馆,才真正体现了图书馆所倡导的人本思想,这也才是图书馆应有的形象。

2. 网络信息服务的水平与层次较低。开展网络信息服务日益成为图书馆服务的重心。然而从目前的情况来看,我国能够提供完全的网络化信息存取与服务的图书馆还不多,大多数图书馆仅限于通过 OPAC 系统向用户提供远程书目数据检索。此外,虽然很多图书馆已经或正在开展馆藏资源的数字化工作,并取得了一定成效,但尚不足以支持大规模的远程全文信息传递服务。我国图书馆的服务内容和服务水平基本仍停留在文献服务层次,面向网络环境的信息服务还处于局部应用阶段,大规模的具体操作阶段尚未到来。

3.经费不足。图书馆是社会公益性文化事业单位,自身没有经济“造血”功能,加之有些地区由于经济比较落后或上级主管部门对图书馆工作重视不够,政府财政拨款十分有限。在部分市、县基层图书馆,连基本的购书经费甚至工作人员的工资都无法保证,引进现代化技术设备开展网络服务更是无从谈起。就公共图书馆而言,尽管近年来投入经费逐年递增,但图书馆业务经费仍存在较大缺口。经费严重不足已影响到许多图书馆正常业务的开展,有些馆甚至处于瘫痪或半瘫痪状态。

为了适应时代的发展和要求,图书馆必须充分利用优势,努力克服不足,以服务为根本,以用户为中心,通过内涵建设,从根本上增强自身能力,从而确保整个事业的健康、持续发展。

第五节　图书馆全面质量管理

一、全面质量管理概述

(一)全面质量管理概念

1.全面质量管理概念的提出。全面质量管理的思想最早是由美国统计学家和管理学家威廉·爱德华兹·戴明提出的。20世纪50年代末,美国通用电气公司的费根堡姆和质量管理专家约瑟夫·莫西·朱兰提出了“全面质量管理”的概念,认为“全面质量管理是为了能够在最经济的水平上,并考虑到充分满足客户要求的条件下进行生产和提供服务”。20世纪60年代初,美国一些企业根据行为管理科学的理论,在企业的质量管理中开展了依靠职工“自我控制”的“无缺陷运动”(Zem Defects),日本也在工业企业中开展质量管理小组活动,使全面质量管理活动迅速发展起来。

2.全面质量管理的含义。全面质量管理就是要把专业技术、经营管理和思想教育工作结合起来,建立起从产品的研制设计、生产制造、售后服务等一整套质量保证体系,从而用最经济的手段,生产用户满意的产品。其基本核心是强调以提高人的工作质量,保证设计质量和制造质量,从而保证产品质量,达到全面提高企业和社会经济效益的目的。全面质量管理可以概括为以下几点:①全面质量管理的对象——“质量”的含义是全面的,即是广义的质量的管理;②全面质量管理的范围是全面的,即是产品质量产生、形成和实现的全过程的质量管理;③全面质量管理要求参加质量管理的人员是全面的,即是全员性的质量管理;④全面质量管理用以管理质量的方法是全面的、多种多样的,即综合性的质量管理。

(二)全面质量管理的基本思想

1.一切为用户着想。对于一个企业来说,“用户”是指使用该企业的产品,因而受到产品的某些质量影响的人。企业产品关系到满足人民日益增长的物质和文化生活的需要,工业产品的质量直接关系到广大人民群众的衣、食、住、行,还有社会主义现代化建设的事业。同时,从另一个角度来看,企业生产的产品质量的优劣直接影响到产品价值能否在市场上顺利得到实现的问题。因此,企业需要把生产出保证用户满意的优质产品作为企业经营的出发点和归宿点。企业要增强责任感和事业心,坚持质量标准,从而使企业的最终产品满足用户的要求。

2.一切凭数据说话。数据是质量管理的基础。离开了数据,就没有质量标准可言。生产过程是这样,管理过程同样也是这样,始终都要以数据为根据。靠数据说话,离不开对有关质量管理工作情况进行定量分析,以数据形式揭露质量问题和反映质量水平。全面质量管理是一种科学管理,它要求以数据统计为基础,运用图表对大量数据进行整理和分析,找出影响产品质量的主要因素及各种因素之间的联系,掌握质量变化的规律,以便有针对性地采取有效措施,消除或预防质量偏差。是否用数据说话,这是区别科学管理与经验管理的主要界限。特别是企业的领导,要反对那些只凭经验和主观臆测,而不是用数据处理问题、解决问题的工作作风。那些"大概""可能""差不多"等诸如此类模棱两可的判断是有害的。

3.一切以预防为主。质量是设计和制造出来的,不是靠检验把关得来的。对于已产生的废次品来说,检验只起到"死后验尸"的作用,并不能预防生产过程中的废次品的产生。而一旦产生废次品,就会造成原辅材料、设备、工时及其他费用的损失。而且在生产规模扩大、产量大幅度增长的情况下,单靠事后检验把关(即使是百分之百的检查),也不能保证废品都被检出。所以,要求在废品产生之前就能采取措施做到事先预防。这就需要对生产过程的人、设备、原材料、方法和环境五大因素进行控制管理,管因素而不是只管结果。

4.一切按PDCA循环办事。PDCA循环,也被称为戴明环,是美籍品质管理专家戴明教授发扬光大的一种全面品质控制的科研方法,它以Plan、Do、Check和Act四个词的首字母组合形成,按照一定的顺序进行品质控制,并且不断循环,以达到最佳的管理效果。

P(Plan)计划:旨在确定明确的方向和目标,并制订有效的行动计划。

D(Do)执行:具体运作,实现计划中的内容。

C(Check)检查:旨在评估计划的执行情况,确定哪些步骤正确、哪些步骤错误,并确定结果以及发现问题。

A(Act)处理:对于检查的结果,应该进行有效的处理,肯定成功的经验并将其标准化;同时,也要从失败中吸取教训,以免再次犯错。如果仍然无法解决,则应该将问题提交给下一个PDCA循环,以便进一步改善。

二、图书馆全面质量管理

(一)图书馆全面质量管理的依据

全面质量管理理论特别强调管理过程中质量控制的核心地位和决定性作用,强调人对质量控制的重要性。质量管理理论已经成为各行各业实施科学管理的重要手段,几十年来,它不仅为提升产品质量和服务质量提供了有力的支撑,而且也为实现科学管理提供了有效的指导。

1.实行全面质量管理工作是切实可行的,特别是在图书馆中。

第一,管理的目标是全面提升质量,这与图书馆的宗旨是一致的。图书馆致力于为用户提供优质的服务,质量是其工作的核心。不同的图书馆可能会采取不同的质量改进策略,但应始终坚持以最高质量的产品满足用户需求为目标。因此,建立一个有效的绩效评估机制对于图书馆来说至关重要,而全面质量管理则是一种以满足用户需求、提升服务水平和满意度为核心的系统性过程。此外,全面质量管理还强调持续改进,只有不断改进,才能够确保满足用户需求,并获得用户认可。图书馆致力于不断提升自己的质量管理效果,以满足用户的需求,这一目标与全面质量管理息息相关。因此,全面质量管理是图书馆发展的核心,也是其宗旨所在。

第二,研究表明,图书馆全面质量管理的理论研究正在不断深入。图书馆全面质量管理的相关研究主要体现在研究文献数量的不断增多,并且其内容丰富多彩。研究者从不同角度探讨了质量管理在图书馆工作中的应用,其研究主题几乎涉及图书馆工作的各个方面,诸如图书馆人力资源质量管理、图书馆读者工作质量管理、图书馆清产核资质量管理、图书馆采访工作质量管理、图书馆文献资源建设工作质量管理、图书馆编目工作质量管理等。

第三,实践证明,全面质量管理学说已被广泛应用于图书馆管理中且取得了显著的成效。美国俄勒冈州立学院图书馆是最先采用全面质量管理模式的图书馆之一。这一管理模式已经被广泛应用于各种类型的图书馆,以满足不断增长的服务需求，并有效减少由于成本提高而带来的不利影响。1990年，该图书馆开始实行全面质量管理，以提升效率，并有效利用资源。通过实行全面的质量管理，英国女王大学图书馆改变了书籍从购买到上架的过程，使得用户可以更快捷地获得书籍。一些图书馆将ISO 9000认证体系引入质量管理实践并获得了成功，另外还有一些图书馆由于实施全面质量管理的卓越成就而获得了质量奖。

（二）实行全面质量控制对于图书馆来说是至关重要的

实行全面质量控制对于图书馆来说不仅仅是可能的，而且是必要的。

1. 可提高服务质量。通过引入先进的质量管理理念和方法，图书馆能够有效地控制各个环节的产品质量，形成有效的质量约束管理机制，从而提升馆员的产品质量安全意识，进而提升该馆的管理水平，充分发挥积极的影响。

图书馆读者服务工作需要多方协作，质量管理体系不仅要求所有环节都要符合要求，从流通、阅览、咨询到检索，每一个环节都要求相关单位提供优质的服务，以确保读者获得最佳的体验。对于图书馆来说，“客户”是上一单位的“客户”，“客户”是分编单位的“客户”，“客户”是每个单位和每个人的“客户”，它们的存在使得图书馆的每一单位和每个人都能够清楚地知道自己的“客户”，从而确保自己完成的工作质量达到要求，避免了质量问题的出现，从而保证了图书馆的整体质量。为了提升“客户”的质量，图书馆必须确保下一道工序的质量达到最高标准。

2. 可保证工作质量的稳定。在管理中，应当明确图书馆的商品质量总体目标和方向，明确各工作人员的职能和权利，建立完善的商品质量管理体系，以确保质量管理的实效性。管理不仅要求人员发挥主导作用，更要求对管理活动的各个环节进行品质检测和控制。通过文件化的质量管理体系，图书馆的运营更加稳定，从而为读者提供更优质、更高效的服务。有效的质量管理体系是图书馆长期发展的基础。

3. 可促进工作的规范化。通过引入现代化的质量管理工作方式，构建起完善的质量管理体系，明确组织、职能、程式文档、岗位人员工作指导书等，细化有关部门、相关工作人员的职能和权利，制定有效的流程和控制原则，明确各工作环节之间的接口处理方式及相应的权责，以及各个职位的具体实施流程和执行规范，进而提升馆内管理工作的规范程度，强化馆员的工作规范意识。

4.可持续改进。传统的管理方法往往以维持现状为主，而全面质量管理则将重点放在持续改善系统和过程上，通过引入一系列先进的技术、工具和测量方法，以及系统地收集和分析数据，来改善机构任务中关键的流程，从而提升整体的效率和质量。持续改进的关键在于不断提升哲学思维，并结合多种有效的解决方案和技术，以实现更高效的结果。要进行持续改进，需具备一个简单的前提，即一个结构化的解决问题的过程比一个非结构化的解决问题的过程会产生更好的效果。与传统方法不同，图书馆通过定量绩效指数来不断改善图书情报部门的工作，使其能够制定可衡量的工作目标，并监督它们的实现过程。这样，能够更好地控制图书馆机构的运作。

三、我国图书馆的全面质量管理体系

（一）在我国，图书馆正在建立全面的质量管理体系，以满足现实需求

自20世纪90年代以来，社会、政治和宏观经济条件发生了巨大变化，尤其是IT和网络的高速发展，为我国各级图书馆事业带来了史无前例的机会和巨大挑战。宏观经济环境为图书馆事业的蓬勃发展奠定了基础，确定了图书馆的未来发展方向，也为图书馆的蓬勃发展提供了有力的支撑。图书馆的宏观经济环境受到政治学、司法、经济社会、传统文化和科学技术各种因素的直接影响，而其微观环境则受到竞争者、供应商和读者的直接影响。

1.图书馆宏观环境。“科教兴国”战略的实施，使得图书馆成为一个重要的公益机构，它不仅为个人和社会团体创造终身读书、自主决策和文化发展的基础，而且还能够保护和传播人类文化遗产以及知识和信息。图书馆肩负

着促进社会主义和谐社会建设的重要责任，因此，图书馆必须不断提高服务水平，以适应社会的需要。

近年来，有关图书馆方面的地方性法规和法律不断出台，促进了图书馆事业的法制建设。2001年，图书馆法的制定工作在文化部的主持下正式启动，2001年10月颁布实施的《著作权法》对图书馆自行开发的汇编作品及计算机软件等的保护做出了更加明确的规定，2002年2月21日，教育部正式颁布了《高等学校图书馆规程（修订稿）》。《中华人民共和国公共图书馆法》由第十二届全国人民代表大会常务委员会第三十次会议于2017年11月4日通过，自2018年1月1日起施行。但是，当前滞后的图书馆法规体系建设仍然是制约我国图书馆事业发展的因素。

自改革开放至今，我国经济发展迅速，图书馆的面积、藏书数量和服务设施都有了显著提升。然而，由于资金短缺，大多数图书馆仍然面临着严峻挑战。此外，由于开发的不平衡，我国图书馆事业发展还有巨大空间。

计算机技术和网络技术的飞速发展，给图书馆的发展带来了机会和挑战：一方面，新技术的应用提升了图书馆的工作效率和工作质量；另一方面，网络的普及使得图书馆的信息服务能力受到削弱，读者群体也在不断流失，给图书馆的发展带来了巨大的冲击。

2.图书馆微观环境。社会对图书馆服务效益和质量日益重视，社会政治经济发展迅速，这些加剧了图书馆和商业信息机构以及图书馆和图书馆之间的竞争。在激烈的竞争环境下，读者的需求和期望以及习惯也发生了变化，读者成为图书馆工作的核心，决定着图书馆的生存和发展。

近年来，由于图书馆内外因素的影响，图书馆的服务能力明显增强，各系统图书馆的评估定级在一定程度上使图书馆之间的比较和竞争趋于激烈。一些地方性的法规对私人图书馆给予支持和税收的优惠，这种私有的图书馆为图书馆界引入新生力量，加剧图书馆之间的竞争，促使图书馆通过管理创新增强核心竞争力。

随着信息经济的发展，以营利为目的的商业化信息机构蓬勃发展，如各类信息中心、情报所、信息咨询机构和网络信息提供商等。在市场经济环境下，读者将根据自己所需的信息资源和服务选择不同的信息来源，图书馆获取知识和信息的唯一性受到了挑战。各类出版发行单位、数据库开发商和图书馆软件开发公司等在信息产品的定价权以及对读者的争夺上也对图书馆造成威胁。

图书馆读者群具有多样化特点，尤其是在信息爆炸、技术进步的今天，读者对信息的需求与期望更加多样化，图书馆和图书馆员面临的最重要的变革是实际用户与潜在用户变化中的期望。

网络技术的迅猛发展，改变了人们的信息获取习惯和阅读习惯，我国的上网用户激增，网络具有方便快捷的优势，成为图书馆强大的竞争对手，图书馆已经不再是读者获取信息和知识的首选。

（二）图书馆全面质量管理体系构建的基本原则

1.读者满意原则。图书馆的服务对象是所有的读者，所以图书馆的工作具有对读者高度负责与对上级高度负责的一致性。图书馆应该充分利用现有的信息资源，采取多种措施，开展符合读者需求和期望的工作。图书馆的所有功能，必须以最大限度满足所有目标读者的需要为目的。

2.读者评价原则。读者评价是对图书馆质量进行评估的一个重要工具，读者的评价是促进图书馆事业发展的重要因素。每个读者对图书馆的一切都可以做出客观的评价，这些客观科学的评价为图书馆工作的持续改进和发展提供了科学而客观的决策依据。图书馆建立的以读者满意为中心的评价体系的具体内容包括图书馆信息资源建设、重大问题的决策、管理制度的制定和对图书馆员的评价等。

3.持续改进原则。由于社会的进步和科学技术的发展，读者的信息需求和期望不断变化，出现了多元化和多层次的趋势。图书馆应该适应读者信息需求和期望的变化，适应社会发展和技术进步的变化，对图书馆的质量管理体系进行不断更新和持续改善，静态的管理系统只能走向僵化。

4.过程概念原则。用标准过程控制质量管理体系建设。全面质量管理体系应制定规范化的管理制度,对每项工作和每个岗位及其职责、每个环节做出标准化的规定,使图书馆的工作改变过去的随意性,变得有章可循,使图书馆全部工作流程和环节都在规范化的质量管理体系控制之下,保证整个管理体系的正常运转。

(三)我国图书馆全面质量管理的体系结构

图书馆全面质量管理体系包括三个要素:服务观念管理、服务质量管理和用户评价管理。这三个要素是相互联系、相互促进的。

1.服务观念管理。服务观念管理是体系的灵魂,它首先要求图书馆全体员工树立起"用户第一,质量第一"的服务观念,以用户满意为指针,站在读者立场上考虑和解决问题,使"用户第一,质量第一"深深扎根于每一个员工的心中,并通过具体的工作表现出来。其次要在图书馆内部树立"服务质量,人人有责"的服务意识,把提供高质量的产品和服务作为自己的职责,要认识到只有每个人都保持工作的高质量,整个图书馆才能以高质量的形象出现在用户的面前,营造出一个人人关心服务质量、人人为服务质量负责的良好环境。

2.服务质量管理。服务质量管理是图书馆全面质量管理的核心,它通过对图书馆整个服务过程的全面质量进行有效控制,达到提高服务质量,令用户满意的目的。全面质量管理理论认为服务质量高低取决于用户期望质量与体验质量之间的差距。用户在利用图书馆的某项服务之前,受各种渠道所获得的相关信息的影响,已形成对该项服务质量的某种期望。当实际体验的服务质量与期望质量趋同时,用户会认同提供的服务;而当体验质量与用户的期望值相差太大时,用户就会认为所提供的服务是难以接受的,对服务质量的评价自然也就很低;只有当图书馆所提供的服务质量超出用户的期望值时,他们才会认为图书馆的服务是高质量的。

3.用户评价管理。用户评价管理就是解决服务问题的管理,也就是针对用户提出的服务问题进行改进的过程。用户评价是用户对图书馆服务质量的评价。图书馆服务质量的高低要由用户来评判,用户满意的服务就是高质量的服务,用户不认可的服务,无论其是否达到某种既定的专业标准,都将被认为是劣质的。用户对服务质量的评价决定着用户的去留,而失去用户就等于失去图书馆生存的基础。因此,图书馆全面质量管理的最终目标是使用户满意。用户满意是评价图书馆服务质量的最终标准。

(四)图书馆全面质量管理的实践

在传统图书馆向现代图书馆转变的过程中,全面质量管理是当今世界最先进的管理方法,它最适合数字图书馆的管理和运作。

图书馆现行的规章制度、服务方式、服务内容都深深地打上了藏书楼的烙印,把读者与文献分离开,读者没有充分利用文献资源的民主自由。

传统图书馆以职能部门化和业务流程部门化为基本原则设计的直线职能制组织结构,存在着传统图书馆业务流程分段管理的许多缺陷,它忽视了读者需求,使得对同一读者的服务被分割到不同功能的书库、阅览室之中,读者在同一个部门不能得到系统的资料,不能享受完整的服务;高度机械化的组织各自为政,条块分割,既有严重空白又有大量重复,部门的独立、分散,无法对跨部门的运作有积极贡献,工作业务中过多部门与人员的牵制和审核,更是提高效率的障碍;管理运行缺乏与读者及时沟通,难以根据读者需求动态调整资源配置和运行结构,影响服务质量,限制了图书馆自身效能和发展。

随着现代图书馆业务流程的重组,图书馆的部门设置要做出相应的调整,从部门式管理向团队管理转变,提升高层次人才的管理权限,设置学科馆员和咨询馆员,组建图书馆学术委员会,研究处理业务问题。业务流程重组坚持四大方向:采编合一,服务整合,主题分工,开发新的业务流程。对组织结构进行改革:某些传统部门合并组建新的部门,如设立文献信息资源建设中心,下设采访组、编目组、典藏组等。

现代图书馆为了适应未来环境的变化,应该是一个有良好的沟通渠道、可迅速回应各种读者需求的应变灵活的组织。业务流程从原来的按文献加工过程人为分割,转变为按文献信息主题设立流程小组,职能部门合并,管理层次减少,管理人员的数量也相应减少,最终组织层次必然向扁平化发展。扁平化组织的信息流通渠道通畅,协调简单,对外部环境的变化有很强的应变能力,同时管理人员的减少也会降低成本和提高工作效率。

重新设计工作内容时要加强网络信息资源建设、管理、咨询和服务工作,在提高图书馆工作人员业务素质和技能的同时要充分授权,一线工作人员必须能够根据其工作,对外部环境的变化做出及时的应对,而不能仅依赖上级来解决问题。

图书馆实施全面质量管理的意义是打破图书馆部门间的障碍,实现团结协作,让读者满意,为图书馆用户提供高质量的信息服务,让用户真正成为上帝;图书馆工作人员应强化自我实现意识,对于个人职业生涯设计和发展有明确目标,最终使图书馆人力资源得到充分开发和利用。

第六节　数字图书馆质量管理

研究表明,现代化、数字化图书馆是信息时代的重要产物,它将现代高新技术与图书馆学紧密结合,以计算机技术和网络通信技术为基础,构建了一个覆盖全球的信息技术资源体系,为阅读带来了更为便利、有效的信息服务。

数字图书馆的核心要素是信息资源体系,它不仅是质量管理的重点,而且还包括信息基础设施、用户群体以及数字图书馆工作人员的共同努力。

数据资源是一个复杂的系统工程,如何有效地组织各个组成部分,使它们形成一个完整的系统,以及如何加强质量管理,以确保信息知识系统的建立、开发和使用全过程中的各项因素都能达到最佳状态,从而使数据资源具备远程、迅速、全方位、合理等信息服务优点,最大化地满足用户的数据需要,是一个值得深入研究的问题。

一、数字图书馆质量管理的对象

管理者、员工和部门应该共同努力，通过运用现代管理技术、专业技术和科学方法，全面提升数字图书馆的质量，以确保其建立和使用的顺利进行。管理数字图书馆质量的重点包括：

（一）知识信息系统质量

知识信息系统质量是指它能否满足用户的需求，并且能够提供有价值的信息内容。这些信息内容包括性能、可信度、安全和经济效益。其中，性能指的是信息数据的结构是否合理，可信度则指信息数据的使用是否有效，安全是指数据使用过程中发生的事故的频率和严重程度，经济效益则是指用户使用数据的成本以及数字图书馆的建设投入。

（二）工序质量

工序质量是指建立数字图书馆的成员单位必须具备的技术、管理、安全、质量控制等多方面的能力，以确保图书馆的质量和可靠性。在建设数字图书馆的过程中，应当重视以下几点：

第一，人是数字图书馆建设和管理的核心，他们需要具备良好的质量意识、责任感、文化素养和技术能力。

第二，机器质量是指计算机、网络设备等的性能和可靠性。

第三，原材料，主要指信息源的质量。

第四，方法是指如何开发、分析、整合和利用信息源，以及如何有效地组织和管理这些信息。

第五，检测手段和工具的质量是衡量检测效果的关键因素。

第六，数字图书馆领导者应该努力创造一个有利于提升网络信息化环境质量的内部环境，以便让工作人员能够充分参与到质量管理的过程中来。

（三）工作质量

工作质量的高低取决于各项工作标准、工作制度以及员工的态度，而这些标准和制度的执行者应该成为主导力量，以确保工作质量处于较高水平。

数字图书馆的质量管理需要知识信息系统、工序和工作质量的协调配合，以构建一个完善的管理体系。

数据资源的成功与否取决于知识信息系统的品质，而工序质量则是保证这一过程的关键。因此，质量管理工作的重点应该放在制定和执行工作标准和制度，以及培养和提升工作人员的素质上。经过全方位管理，数字图书馆可以有效地提升信息选择、整合、使用、组织、储存、传递等活动的品质，从而更好地满足用户的需求，实现优质的服务。

二、数字图书馆信息安全管理

（一）数字图书馆信息安全

1.信息安全。

（1）信息安全的概念：ISO将安全定义为确保互联网中的硬件、软件和信息系统数据资讯免受意外损坏、修改和泄漏，确保信息系统平稳安全可靠地运作，并保证信息技术不会突然停顿。安全是一个重要的概念，它涉及保障信息系统的安全、秘密性、真实感、整体性、禁止未经授权的复制等五个方面。为了确保内部信息免受外部威胁，信息系统经常需要更换密码。同时必须进行消息源认证和访问控制，防止任何不法应用软件的存在和操作。

（2）信息安全的重要性：信息的重要性不可忽视，它的普及性、共享性、价值性、可处理性和多种用途性，使得它对人类的发展具有不可替代的作用。因此，信息安全的核心在于要确保活动和网络中的资料不受各种形式的危害、干涉和损坏，以确保数据的可靠性。信息安全是一项不可忽视的国家安全战略，它不仅是我国政府、部门和企业应当重视的问题，而且还要求个人注重网络安全，以确保信息安全可靠。

2.数字图书馆信息安全。数据网络信息安全的重要性不言而喻,它需要确保网络中的管理软件和数据免受无故原因的损坏、泄漏和更改,以保证网络服务的稳定性和信息系统的正常运行。为了确保数据网络的信息安全,图书馆需要加强人员管理,并制定相应的安全措施。比如,控制管理者和注册使用者的权力,防止他们的权力过重,导致数据设计被恶意篡改或使用其他手段攻击数据资源信息系统。此外,图书馆还需要考虑人的心理、技术、当时的环境以及相关法律等原因。如果管理者的使用密码外泄,将会对数字图书馆的发展带来极大的危害,可能会导致数据被篡改、丢失、系统崩溃,甚至会有大批使用者个人资料被外泄,这将造成无可估量的经济损失。因此,管理者的使用账号必须保密,以防止可能发生的经济损失。

3.信息安全技术的目标。所有的信息安全技术都旨在实现安全性,其中最重要的五个目标是:保密性、完整性、可用性、可控性和不可否认性。

(1)保密性:保密性是信息安全的核心概念,它要求没有许可的使用者不能访问敏感内容,而针对纸质文档内容,图书馆应该采取有效措施,确保其不被非许可者触及,以确保信息安全。针对计算机和网络环境中的个人信息,图书馆不但要阻止未经授权的人读取这些个人信息,还要阻止未经授权的人将这些传递给其他人,使个人信息被泄露。

(2)完整性:完整性是一种保存信息内容的重要机制,它可以阻止信息内容被篡改,保证信息内容的真实感和完善。如果这些个人信息被恶意篡改、插入、删除,将会导致严重的后果,甚至可能会影响到社会的发展。

(3)可用性:可用性是一种重要的信息安全标准,它要求授权主体能够及时获取所需的信息,以确保网络空间的安全性和稳定性。它不仅是保护信息安全的一个重要组成部分,也是网络安全的基础要求。

(4)可控性:可控性是指通过严格的安全监管和审查,有效地防止任何形式的非法行为,以确保信息和信息系统的安全性。

(5)不可否认性:无可置疑,在网络环境中,双方都不得不承认自己在信息交流过程中发出或收到的信息是无可否认的。

(二)数字图书馆的信息安全需求

信息安全是指信息的机密性、完整性和可用性。机密性确保信息只能由已授权用户访问使用;完整性保证信息和处理方法的正确性和完备性;可用性确保已授权用户在需要时能够访问信息。

1.数字图书馆的完整性。为了保证数字图书馆的完整性,首先必须保证数字图书馆的物理安全。数字图书馆是建立在物理载体之上的,如果这些物理载体受到损害,数字图书馆的数据就会受到破坏。比如由于剧烈震动导致存储着数字资源的硬盘出现坏道,那么硬盘上的资料也会随之损坏。其次是软件方面,数字图书馆的资料和所有提供的服务都是建立在软件系统基础上的,如果系统感染了病毒,破坏了文件,数字图书馆的完整性也就受到了破坏。此外,如果黑客攻破了系统的防线,也可能对数字化资源大肆破坏,造成损失。因此,尽量避免数字图书馆软件的被破坏也是信息完整性的表现之一。

2.数字图书馆的机密性。一方面,数字图书馆的机密性是指避免非授权者伪装授权用户的身份获得信息资源。数字化图书馆包含着大量的信息,而这些信息并不是对所有人开放的,比如一些高校图书馆花费大量资金去购买数据资源,同时制定只有校内用户才能访问的规则,如果校外的用户利用校内的代理服务器去访问资源就有可能获得这些数据,同样的结果还可能是因为校内授权用户将自己的权限私自转让给校外的好友或同学而造成的,这些都导致了对信息机密性的损害。另一方面,数字图书馆的机密性是指保证攻击者不能够获得管理员的权限。攻击者为了获得管理员的权限可能会采取各种手段,比如网络攻击、社会工程攻击。对于数字图书馆来说,丧失了管理员权限最大的危害在于攻击者能够看到所有授权用户的使用情况,分析用户的喜好以及其他隐私。

3.数字图书馆的可用性。对于大多数数字图书馆信息安全的保护者而言,关注更多的在于如何保证信息不会被窃取和破坏,而信息的可用性却成为一个很容易被忽略的方面。信息的可用性是建立在信息的完整性和机密性基础上的,只有保证数据资源不被破坏和不被窃取才有可能最大限度地满足用户需求。此外,数字图书馆还必须保证数据的获取途径始终畅通,比如用户想使用数字图书馆的时候,网络应该是可用的。

(三)数字图书馆信息安全的影响因素

数字图书馆系统是在信息方面完全共享、服务方面全程开放的系统,由于系统每时每刻都处于复杂、多样并且开放的网络中,其信息安全问题将受到来自多方面因素的影响,环境因素、人为因素、计算机系统及管理等方面的因素是其中主要的几个影响因素。

1.环境因素。数字图书馆的硬件设备需要绝对安全可靠的物理环境。雷电、火灾、洪水等都是潜在问题,需要在设备安置过程中考虑抗漏电、抗火灾等性能,防止由于这些问题损坏系统,造成无法估计的损失。

2.人为因素。操作失误或恶意攻击是人为原因导致的两类安全问题。误删除文件、插错电源、硬盘的错误插拔等对系统伤害严重,而黑客的恶意攻击,以及计算机病毒的植入会导致系统崩溃,两类都是图书馆需要解决的难点问题。

3.计算机系统安全。计算机的网络防火墙不能及时对网络攻击进行防范,以及网络设备和传输介质等硬件方面存在一定的缺陷;而对于软件,计算机安全隐患主要涉及一些操作系统、网络中的通信协议、数据库等。

4.管理因素。信息安全的管理意识是否得到强化、是否具有完善的管理制度等是数字图书馆管理两个最重要的问题。数字图书馆的管理人员、社会公众缺乏安全意识以及职业道德问题,没有制定完善的安全管理规章制度用以制约整个图书馆各项任务的分工,从而导致安全防护体系在图书馆管理工作上不能充分发挥其作用,为恶意攻击或病毒等制造了搞破坏的机会。

(四)数字图书馆信息安全管理对策

1.营造良好的物理环境。首先,为了防止静电和电磁波对系统的干扰,计算机机房内应铺设专业的抗静电活动地板,地板支架和墙壁都需要做接地和防静电处理。其次，严格控制好机房内的温度和湿度，若温度过高，容易导致计算机散热不顺畅，进而影响到计算机元器件的使用寿命。如果是湿度不达标，同样会引起机房内静电过大或者是金属元器件被腐蚀，从而降低电路板和插接件的绝缘性能。另外，数字图书馆还应当加配防火防雷系统、机房专用空调、USP不间断电源等配套设备，以便于为计算机系统的正常运行提供良好的物理环境。

2. 建立图书馆信息安全管理制度。首先，数字图书馆应成立专门的维护和管理机构，结合图书馆自身的特点，制定出一套行之有效的管理体系，对各部门的工作流程予以规范化，完善图书馆系统的安全责任制度和监督管理制度，使得不同岗位的工作人员都能够明确自己的工作职责，在工作中有章可循、有据可依。其次，加强系统运行过程中的日常监督和管理，严格执行规程管理制度，强化责任监督，遵循“事前防范、事中控制、事后审计”的原则，加强对系统信息安全管理制度的监督与审计工作，提高系统工作人员遵规守纪的意识。

3. 做好数据备份管理。数字图书馆的数据备份管理是防止数据丢失的有效措施，同时也是维持网络系统正常运行的基础。因此，在管理过程中需要安排专业维护人员定期对数字图书馆的所有数据（尤其是重要数据）进行转存，或者通过磁盘阵列技术来对数据进行实时备份管理。

4. 布置各种网络安全技术。

（1）防病毒技术：计算机病毒可以借助浏览器、电子邮件、聊天工具以及移动硬盘等多种途径传播，对于数字图书馆的信息安全威胁极大。目前常用的防病毒技术主要有病毒预防技术、病毒检测技术和病毒清除技术等，在应用过程中需要形成一套完整的病毒防御体系。另外，图书馆信息安全管理系统中还应当定期对各软件、硬件防火墙进行升级，并将硬件防火墙、软件防火墙以及防病毒软件结合起来，设置隔离区来预防病毒的侵入。

（2）入侵检测技术：入侵检测系统是一种针对网络传输进行的实时监测技术，当系统发现有可疑传输时会自动报警或采取安全处理措施。入侵检测技术是一种积极的安全防护技术，它不仅可以使系统管理人员随时了解系统的安全状况，而且还能够为管理人员提供安全策略和导向。数字图书馆开展预防病毒入侵、预防黑客恶意攻击以及网络运行监视等安全管理工作，都可以通过入侵检测技术来完成。

(3)智能防火墙技术：智能防火墙技术是阻止黑客非法入侵网络系统的有效屏障，它综合利用了统计、概率等智能化技术手段。与传统的防火墙技术相比，智能防火墙将包过滤与代理技术融为一体，克服了二者在安全性能上的缺陷，其速度远远超过了传统的包过滤防火墙技术，而且还降低了网络终端的负担。

三、数字化信息服务的质量管理

对于数字化信息服务而言，服务质量方针和目标应与信息服务机构的服务宗旨和目标相一致，而质量策划是信息服务机构服务发展战略的一部分，质量保证和质量改进则主要体现在具体的服务过程中。基于信息集成的动态性以及受用户需求的牵引，数字化信息服务的架构和用户对质量的预期始终处于动态变化之中。

(一)信息服务的质量指标

1. 可感知性。可感知性是指信息服务的“有形部分”，如各种信息服务设施与设备、各种载体的信息资源以及信息服务人员的外表等，借此可以有形地体现出该信息服务机构有别于其他提供信息服务机构的竞争能力。服务的可感知性从两个方面影响用户对服务质量的认识，一方面，其提供了有关服务质量本身的有形线索；另一方面，其又直接影响到用户对服务质量的感受。

2. 可靠性。可靠性是指工作人员准确地履行信息服务承诺的能力。许多以优质服务著称的服务机构都是通过可靠的服务来建立自己的声誉的。可靠性实际上是要求服务机构避免在服务过程中出现差错，因为服务差错不仅会造成直接的经济损失，而且可能意味着失去很多潜在的用户。

3.响应性。这是指工作人员随时准备迅速准确地为用户提供个性化信息服务的意识。对于用户的各种需求,信息服务机构能否予以及时满足和回应将表明该机构的服务导向,即是否把用户放在第一位。同时,服务效率则从一个侧面反映了该机构的服务质量。

4.保证性。指工作人员具有信息服务的知识和技能、服务伦理以及表现出完成服务任务的自信与可信的能力。它能增强用户对信息服务机构的服务质量的信心和安全感。友好态度和胜任能力二者都是不可或缺的。服务人员缺乏友善的态度自然会让用户感到不快,而如果他们对专业知识懂得太少也会令用户失望,因此服务人员更应该具有较高的胜任服务的知识水平。

5.安全性。安全性指用户在接受服务的过程中能够保证其人身和财产的安全。特别是在网络环境中,当用户在接受某项服务时,需要将个人重要信息或私人隐私提供给服务机构,用户总希望这些隐私信息不会被服务机构或其他人非法利用。

6.移情性。这是指服务人员应设身处地为用户着想,给予用户热情的关注和帮助。移情性不仅仅是服务人员的友好态度问题,而且是指信息服务机构要真诚地关心用户,了解他们的实际需求(甚至是个人方面的特殊需求)并予以满足,使整个服务过程富有"人情味"。

(二)信息服务质量的控制方法

1.基于差距分析的服务质量控制。

(1)服务质量差距分析内容:①通过与用户期望的服务质量进行比较分析找出差距;②通过与管理者制定的服务质量标准进行比较分析找出差距;③通过与其他服务机构相同或相似的服务项目进行对照分析找出差距;④通过对用户感受到的服务质量与信息服务机构承诺的服务质量进行比较分析找出差距。

其中基于用户期望的质量与实际提供的信息服务质量之间的差距进行分析是服务质量差距分析法最主要的内容。

(2)控制方法:通常用户对服务质量所做的评价不仅与其经历的实际服务有关,而且与其对服务质量的期望有关,用户对服务质量的评价是其期望质量与实际经历的服务质量之间比较的结果。不同知识背景的用户对服务具有不同的期望。因此,管理人员应该深入了解用户期望,进而制定出服务质量标准。同时应该为用户提供真实的服务信息及能够实现的合理承诺;因为过低的服务承诺不足以吸引用户,而过高的承诺则会令服务者无法履行诺言。

基于用户期望的服务质量差距分析是有效控制信息服务质量的方法,它有助于信息服务机构发现服务供需双方对服务理解的差异,找出引发差距的根源并改进服务策略,以便保证用户期望的质量与实际提供的信息服务质量相一致。差距分析要做好下列几项工作:①与用户建立伙伴关系;②建立传统的与用户沟通的渠道;③影响用户期望,能随时意识到用户的期望变化并做出相应的调整以适应用户需求的变化;④信息服务质量概念是动态的,应及时调整服务手段和方式;⑤改善管理,提高服务中的用户满意度。

2.基于服务过程的服务质量控制。以创新主体信息需求为导向的集成服务强调与用户的高度交互性,使得过程质量控制成为一个需要重视的环节,而且也是保证最终服务产品质量的前提。不仅服务过程贯穿于用户解决问题的全部过程,而且服务人员还要融入用户决策的过程之中,与用户形成非常明确和紧密的双向沟通关系。这就决定了服务质量应由服务产品质量和服务过程质量两方面组成。

以往,信息服务更多地强调服务产品质量,过程质量往往表现在查准率、查全率等指标上,控制的方法也多停留于服务态度等方面。要实现服务过程的质量控制要做好下列几项工作。

(1)确定信息集成服务的内容范围和质量标准:根据用户需求从现有信息服务能力出发,策划和确定提供信息集成服务的内容和类型,制定质量标准时要合理地权衡服务质量和成本,还要通过对主要信息产品和服务的评估找出存在的质量问题和制约因素。

(2)出台质量体系文件:通常质量文件由质量计划、质量测量、质量记录和质量手册四部分组成。

(3)对相关内容进行全面分析:全面分析各环节的质量职能,确定各级质量管理和控制的权限及职责,以便及时消除或者减少由于不合理程序的复杂操作和不适当的训练造成的各种不良影响。

(4)及时进行相关测定:充分利用质量管理工具、绩效测定工具和统计工具,对信息提供及时、准确、新颖、可靠与否以及价格可承受性等方面进行测定。

(5)记录信息服务的过程和结果,建立信息服务档案:这是改进质量的依据,通过对记录内容进行模拟和分析可以发现服务过程中不合理的程序,找出对用户要求的理解和认识方面的差距,进而通过构建服务补救系统实施补救。收集信息用户对服务质量的评价也是服务质量控制中的重要环节。

(6)提供服务质量承诺:服务质量承诺必须与能够提供的服务能力相一致,对内要能够取得管理者的认同,对外要符合用户特定的质量要求。

(7)与用户建立稳定的服务信息反馈联系:用户对信息服务的反馈,既是改进服务质量的重要依据,也是挖掘潜在服务内容的重要依据。

(8)规划分析服务流程:可通过图表的形式把服务的过程和每一步的内容展示出来,直观清晰地展现信息服务的全过程,然后整合和分析服务失败信息,找出提供劣质服务或者服务失败的原因。

第四章　现代图书馆建设

第一节　现代图书馆建设概述

一、现代图书馆的建设

（一）现代图书馆概念

第二次世界大战以来出现的各种新技术，被称为现代技术，它和图书馆工作结合后，使图书馆工作发生了深刻的变化，图书馆事业从而进入一个新的发展阶段——现代图书馆阶段。

（二）现代技术在图书馆的相关应用

1.计算机技术的应用。计算机的通用性是其他设备远远不能相比的，计算机技术被认为是当代信息技术的心脏，在图书馆现代技术中处于主导和核心地位。目前图书馆业务工作中的文献采购、编目、流通、标引、检索、连续出版物管理、索引编制、参考咨询和图书馆内部管理等都在不同程度上使用了计算机，并通过计算机实现联合编目、馆际互借等，出现了多种图书馆自动化系统，使图书馆工作不同程度地摆脱了手工操作方式，把图书馆工作人员从烦琐、枯燥的劳动中解放出来，大大提高了工作效率和工作质量；这使得图书馆有可能开辟新的、灵活多样的服务项目，如联合编目；计算机技术所提供的快速、详尽和准确的多种统计数据，能迅速、及时地为图书馆领导决策提供依据。不仅如此,计算机对于其他现代化设备还起着控制、联结和转换的作用,使图书馆的各种现代化设备结合成一个有机的整体,以充分发挥它们各自的优越性。

2.通信技术的应用。传统通信技术的主要功能是沟通信息,现代通信技术以计算机为核心,加上应用了其他高新技术如光纤通信、卫星通信等,因而除沟通信息之外,还具有分配信息、管理信息和信息咨询等功能,工作效率和工作质量大为提高。现代通信技术应用于图书馆后,把一个图书馆的各个部门通过计算机联结成一个整体,也把各个图书馆联结成图书馆自动化网络。而各种形式的信息如声音、文字、图像等都可以利用现代通信技术进行准确、高速的传送。这些既节约了经费和人力,又大大提高了工作效率。

3.存储技术的应用。存储技术主要是指声像技术和高密度存储技术。传统的图书馆馆藏是以印刷出版物为主的,其缺点是容量小、速度慢和浪费资源,因而应付不了信息膨胀的现实。计算机等现代技术离不开现代存储技术,而现代存储技术由于具有大容量、高速度和价格低廉等优点,也被引进到图书馆中。目前,唱片、录音带、幻灯片、电影片、录像带、激光声像盘和缩微品等都成为图书馆的馆藏。这种综合性的信息能充分满足读者需求的多样性和全面性,其优越性是显而易见的。计算机与声像技术结合,还出现了多种文字的盲人阅读机。现代存储技术增加了图书馆的信息存储量并大大压缩了存储空间,这将使微型图书馆成为现实;存储技术提高了文献的输出、输入和检索速度;并使得被存储的信息可以从一种载体转换到另一种载体。

二、现代图书馆文化建设

(一)图书馆文化

1.图书馆文化概念。文化可以分为物质、精神、制度三个方面,据此可以将图书馆文化分为图书馆物质文化、图书馆精神文化、图书馆制度文化。然而,三种不同形式的文化彼此之间错综复杂的联系又决定了三种文化形式很难独立存在。

(1)图书馆物质文化:图书馆物质文化所指的就是整个图书馆的硬件设施、场馆、图书等。这些都属于物质文化中的产品和工具文化。然而,如果这些物质文化不能够展现出图书馆精神文化的内涵,就不能够称之为图书馆物质文化,而只能称之为我们这个时代的文化产物。

(2)图书馆精神文化:精神文化指的是在图书馆发展过程中,读者与馆员在图书馆这个小环境下所感受到的氛围、感悟以及所形成的品德与规范。

(3)图书馆制度文化:制度文化,相对于物质和精神文化而言,又比较特殊。如果说物质文化和精神文化可以随着时间的推移自发形成,那么制度文化则是人为的,带有某种目的的,在一定的范围内所宣扬的精神文化。也就是说,所谓制度文化,就是在特定的组织团体中所倡导的精神文化。这种文化大多是有利于该组织团体发展的,并要求组织团体内的成员接受并服从的。图书馆作为一个大型的非营利性组织,其制度文化中,主要应灌输的精神简单来说就是"服务"二字。如何更好地满足读者的需求,就是图书馆制度文化中的主要方向。

只有融入了以上三个方面的图书馆文化才是完整的图书馆文化,三者是缺一不可,互相依存的。

2. 图书馆文化的功能。文化具有多种功能,大至治国平天下,小至修身养性等。良好的图书馆文化也具有多种功能,具体体现为凝聚功能、激励功能、控制功能、导向功能、辐射功能等。

(1)凝聚功能:图书馆要实现自己的管理目标必须具有凝聚力,即对馆员的吸引力和组织力。图书馆文化是产生图书馆凝聚力的源泉,图书馆文化所产生的凝聚力,犹如一个强大的磁场,把员工的力量和智慧凝聚成一股合力。成熟的图书馆文化,对图书馆的全体成员具有很大的凝聚功能,从而把各方面的积极因素调动起来,把各种力量凝聚起来,齐心协力实现共同的目标,使个人的行为、思想、感情与图书馆整体统一起来,朝一个共同的目标进发,充分发挥图书馆的整体效能。图书馆文化越发达,馆员个体的归属感便越强烈,从而图书馆的吸引力、影响力和凝聚力也就愈强大。

(2)激励功能:激励功能是通过外部刺激,使员工产生情绪高昂、奋发向上的力量。任何事业的成功,人才是关键。以人为本、以文化为手段的图书馆文化,具有激发人的潜能的功能。健全的图书馆文化是一种无形的精神动力,对图书馆整体及馆员个体都起着重要的激励作用。它使图书馆全体成员在密切配合的同时,最大限度地发挥单个成员的潜力,充分调动其积极性、创造性,全面挖掘个人的潜能,并以高度的事业心和责任感做好本职工作。

(3)控制功能:图书馆文化的控制功能是通过制度文化和道德规范而发生作用,即通过制度文化、伦理道德规范等约束图书馆员工的行为。任何文化系统,为了确保自身的稳定性及其有序性,都要对其文化主体和客体实施控制,使之遵循其文化模式行事,以保持其内部的协调和对外部环境的有序开放。图书馆文化作为图书馆的共同价值体系,影响并规定着图书馆全体职工的价值观、思想认识、思维过程、心理感情、伦理道德、行为方式以及行为取向,使他们的工作活动沿着一定的文化取向运转,以保持图书馆的稳定,促进图书馆事业健康发展。

(4)导向功能:图书馆文化的导向功能是指图书馆文化对员工行为的导向作用。图书馆文化建设就是创造一种充满热情、和谐融洽、催人奋进的环境气氛,引导馆员将个人理想与图书馆总体目标统一起来,形成合力。这种导向作用具体表现在两个方面:一是对图书馆整体的价值取向和行为取向起导向作用,成熟的图书馆文化对整个图书馆的健康发展起导向作用;二是对个体的价值取向和行为取向起引导作用,强有力的图书馆文化犹如航海中的指南针,它对图书馆员个体心理、性格、思想、行为起引导作用,使人们在潜移默化中接受图书馆的共同价值观念,自觉地把图书馆的目标作为自己追求的目标。

(5)辐射功能:辐射功能是指图书馆精神、形象、道德规范等通过图书馆人员的仪表、言行、图书馆工作环境等都在影响着读者,影响着社会。因此,图书馆文化一旦形成较为固定的模式,它不仅在图书馆内部对本馆成员产生影响,而且也会通过各种渠道对社会产生影响。良好的图书馆文化有助于图书馆在公众中树立良好的社会形象,吸引读者,更好地发挥图书馆的社会效益和经济效益。有利于图书馆广纳人才增强发展的实力,有利于取得社会公众的理解、支持和帮助,促进图书馆的发展。所以说,图书馆及其馆员是否具有良好的精神风貌、人文素养、心理状态、知识结构、服务质量对整个社会都有较大的影响。

(二)图书馆文化建设

1.图书馆物质文化建设。每个时代的文化特征、文化思想都在不断发展,并通过物质表现出来,我们可以通过古代文物推测其历史年代以及当时人们的科技、文化、生活水平,其实就是由于各个时代的文化特征不同,所以反映到文物上的特点各不相同。也就是说,有比较才会有特征,图书馆物质文化的特征,也是需要通过比较来体现的。

第一,图书馆对于读者应该是免费的。图书馆的硬件设施应该免费为读者提供。同时,随着社会的商业化,图书馆也应该融入如今的商业社会中来,在不影响图书馆正常运营,不影响读者正常阅读的前提下,图书馆事业的发展需要在社会上争取并且也有能力争取更多的资金支持。如果能够将这些资金投入到图书馆的物质文化建设中,那么图书馆事业将会进入到一个良性循环中来。

第二,图书馆物质文化发展的侧重点。与其他团体组织公共事业相比,图书馆的硬件设施指标其实就只有一个,那就是藏书量。缺少任何设施都不会对图书馆造成太大的影响,只有缺少书,图书馆的正常运营才会出现极大的困难。毫无疑问,一座图书馆的资金如果不用来采集图书,场馆建设得再漂亮,基础设施再齐全,也是毫无用处的。可以说,馆藏状况代表了绝大部分的图书馆物质文化。因此,图书馆物质文化发展的重点是极其明显的,方向也是明确的。

2.图书馆精神文化建设。

(1)服务文化:作为图书馆的工作人员,所需要的不仅仅是管理书籍,还需要为读者服务。馆员是图书馆与读者之间的纽带,图书馆的精神文化需要馆员用自身的行为来传递给读者。没有对于书籍的喜爱,没有对于图书馆工作的热情,没有对于读者的热心的馆员是不称职的馆员,这样的图书馆也是没有活力的图书馆。每一个读者来到图书馆都应该受到热情接待。

(2)环境文化:图书馆的每一个角落都应该是干净的,尤其是每一本书,在把书交给读者时,它应该是一尘不染的。同样,读者还书时,它也同样是干净崭新的。这个过程不单单是清洁那么简单,它象征着一种态度,一种氛围。

(3)向导文化:图书馆员是一份光荣的工作,因为你管理的不是一张张纸,而是一扇扇通向世界各个角落的门。图书馆员有义务让每一位读者感受到阅读的乐趣。

(4)阅读文化:一个安静舒适的阅读环境是不可以被任何人所打破的。"保持安静"四个字不单单是用来提醒读者的,作为馆员,更要时刻遵守。不管是何种原因,见到旁边有人阅读时,都要慢步轻声,馆员的以身作则带来的是整个图书馆阅读氛围的提升。

(5)交流文化:图书馆作为一片知识的海洋,就应该掀起学术上的浪潮。自古以来,图书馆都是学者云集,创造知识的地方。而到了今天,图书馆变成了只是储存知识的场所。在一座理想的图书馆中,读者不但可以通过阅读了解一本书,也应该可以通过其他读者了解一本书。

(6)宣传文化:图书馆作为一个包罗万象的场所,不能一味地等待着读者发掘,也应该主动展现自己鲜为人知的一面。每一个领域都有它存在的价值,每一本书都是作者思想的结晶。图书馆有责任让那些被人忽视的文化成果被读者所了解,所热爱。

(7)理念文化:作为图书馆,对于"非读者"应该持有怎样的态度,是图书馆理念文化里一个比较有代表性的问题。近年来,很多"营利性场所"都出现了群众避暑、休闲的现象。图书馆应该提供无差别的服务。从而让很多人喜欢上图书馆,喜欢上阅读。

3.图书馆制度文化建设。

(1)明确制度的约束力:科层制在落实的过程中会出现一些弊端,由于我国图书馆普遍存在着一些不良风气,造成了"人情"高于"规定"的状况。图书馆的制度建设需要一种强有力的管理措施来规范每一个工作人员的行为甚至思想。

(2)物质激励和精神激励并重:由于馆员的日常工作大部分属于服务性质,所以对馆员的绩效评价很难量化。因此,在条件允许范围内进行物质激励的前提下,精神激励显得更加重要。

(3)合作与竞争:如今的社会是真正社会化的社会,各行各业都在寻求团队合作,图书馆也不能例外。

三、现代图书馆学科建设

(一)高校图书馆学科服务内容建设存在的问题

1.服务定位相对模糊。目前,我国高校图书馆针对学科服务已开展不同层次的服务内容,表明高校图书馆对学科服务的重视程度不断提高,但学科服务内容所覆盖的群体仍不够全面。学科服务是高校图书馆为全校师生提供的学科化、知识化信息服务,学科服务应立足于用户自身的职业特点和信息需求,全面覆盖三类对象,即学习型用户、教学型用户以及研究型用户。其中,学习型用户以本科生为主,教学型用户以授课教师为主,学科带头人、教授和研究生则是研究型用户的主要群体。相对而言,部分高校图书馆学科服务内容覆盖群体较广,学科服务的群体范围覆盖全校师生和科研人员,但其他多数高校学科服务还暂时停留在专业教师及科研人员层面,所以导致学科服务"横向"发展止步不前,无法充分发挥学科服务对于教学科研和学科建设的潜在作用。

2.服务范围相对狭隘。目前多数高校图书馆学科服务已经开展了基础性信息服务,如"原文传递""查收查引"等,相对于学科服务的理想状态,其服务范围仍不够广泛，层次不够深入。对于“重点学科网络资源导航”“学科博客”“学科及个人学术评价”“定题服务”“学科动态跟踪”等深层次的学科服务，开展得还不够广泛，很多高校图书馆的学科服务仍局限于信息咨询，在学校图书馆网站中关于学科服务方面的栏目也仅限于学科馆员的岗位职责和相应院系学科馆员的名单及联络方式。因此，“范围较窄、层次较浅”是现阶段我国高校图书馆学科服务内容建设存在的典型问题，这就导致在教学科研中，图书馆的作用和影响远不及预期。因此学科服务内容建设急需完善，积极与时代接轨，不断注入新的活力，进一步拓展范围、充实内容、深化层次，全面提高学科服务的综合水平。

(二)学科信息服务团队建设

1. 健全学科信息服务管理体制。建立学科信息服务专门机构及部门，从组织结构、管理体制上为学科信息服务营造良好环境，在此基础上组建学科信息服务团队，并建立如学科资源建设、学科用户培训、学科技术支持等分团队。以小分队、大团队的形式组成学科信息服务整体构架，整合全馆资源，以学科信息服务为主线，以学科资源建设统领图书馆各部门业务工作。图书馆各部门团队成员将本部门工作在学科化方面进行强化与突显，其工作成果既是本部门工作的升华，又是学科信息服务团队工作的重要组成部分，二者相辅相成，共同促进学科信息服务整体水平的提高。此种做法可以使学科信息服务人员的职责更明确，更加集中精力进行学科信息资源的建设和开发，使团队成员从日常琐碎的工作中解脱出来，进行深层次的学科资源的展示。学科信息服务团队具体实施全馆学科信息服务工作，使图书馆学科信息服务方向更加明确，推广学科信息化服务旗帜更加鲜明。

2. 保持团队持续健康良性发展。保持学科信息服务团队持续健康良性发展，是高校图书馆学科服务永葆生机活力的关键所在。学科信息服务是一项涉及面广、专业性极强的系统工程。要建立适宜的学科信息服务机构、部门及团队；建立适合校情、馆情的管理体制、规章制度；建立团队带头人及成员遴选标准等。赋予学科信息服务机构及团队应有的职与权,保证学科信息服务工作不受其他因素干扰,以营造学科信息服务良好的环境。学科信息服务团队带头人必须具备较强的服务理念及创新意识。以若干主线统领各门学科服务工作,编织图书馆学科信息服务内部网,凝聚团队精神,全馆一盘棋,最大限度地发挥图书馆学科信息服务的合力。构造和谐团队,充分发挥团队的集体智慧,提高团队成员社会敏感度,给予团队成员平等发言的机会,使团队合作更无间、表现更成功。团队成员能上能下,在选拔标准上重实力,更重潜力。强化团队创新,学科信息服务团队经过合理构建开始运行后,要随着外部环境和内部条件的变化不断进行调整和变革,使其顺利成长与发展。

3.实现团队培训制度化、常规化。图书馆信息服务工作的深入开展及用户信息素养和专业需求程度的提高,对学科信息服务人员提出了新的挑战,其必须通过不断学习,进行创新和变革,才能适应工作的要求,才有可能立于不败之地。进行团队培训制度化建设,并建立长效培训保障机制。明确学习计划,保证高质量的学习效果。关注学科信息服务人员职业生涯,根据图书馆发展规划,制定学科信息服务人员个人近期、长期专业发展规划。图书馆、学科信息服务机构、团队要采取各种方法来对工作人员进行培训和后续教育,包括知识培训、技能培训、态度培训等,帮助其在岗位上获得成功。如建立学科信息服务学习培训库、安排有经验的团队成员指导帮助新成员、提供经费参加继续教育活动、推荐学习交流等,并保证培训的实效性。

4.提升团队整体学术科研水平。开展高水平的科学研究是学科信息服务人员服务对口用户教学科研的实力与能力的重要表现,同时也是保障学科信息服务工作深入开展的重要支持。学科信息服务团队成员必须从事实际的学术研究工作。要加强学科信息服务相关研究,为学科信息服务的拓展与深化做好前期准备工作。在实际科学研究工作中,切实体会服务对象的信息需求,做好与服务对象的角色换位思考。

5.强化知识管理提升团队绩效。加强学科信息服务团队建设,运用知识管理的方法，实现学科信息服务人员知识和团队知识的有效管理，促进学科信息服务人员知识共享，从而建设学习型学科信息服务团队。要构建学科信息服务体系，进行学科知识开发，促进学科知识共享。加强学科信息服务人员个人知识管理，并在团队中共享集体成果，以便互相提高。注重团队学习，发展团队成员整体协作能力，使团队整体获得出色的成果，提高团队成员成长速度。

第二节　图书馆员建设

一、图书馆员概述

（一）图书馆员概念

1. 图书馆员定义。图书馆员指图书馆业务人员，或者获得图书馆学专业学位的人。是负责图书馆运营的专业人员，包括对图书馆馆藏资源的采购、加工、描述、流通（借还）、分析报道，以及读者服务等一整套流程。学校图书馆员还承担了对读者的教育职能，指导读者查找和使用学术文献资源，辅导读者进行学习或研究。因此大学图书馆员通常被授予教师职级或相应待遇。但在一般人的理解中，图书馆员常常被人误解为图书馆管理员（图书管理员），或误认为其工作内容只是借还书。而实际上，图书管理员通常指图书馆中负责图书借还的流通工作，以及图书整理和辅助加工工作的非专业人员。图书管理员与图书馆员的工作内容有很大差别。

2. 图书馆员的工作内容。传统上图书馆业务分为两类，一类为技术业务，主要包含采访、分类编目和系统支持；另一类为读者服务，包含流通服务、参考咨询、定题服务（定题研究辅导）和资讯素养教育等。不同职能的馆员需要掌握的知识和技能也各不相同。因此，图书馆馆员根据其职能又可以分为采访馆员、编目馆员、系统馆员、参考馆员等。

随着图书馆资源载体和形式的数字化,图书馆馆藏不再仅限于图书、报纸、期刊、缩微胶片这些传统的实体知识载体,还包含了电子数据库等各种类型的虚拟知识资源,馆员不仅需要熟知各种形态的知识资源,还需要掌握多种资讯技术,能够针对读者需求建设和开发馆藏资源,对知识资源进行加工、描述和分析,判断和评估知识资源的质量,并向读者进行报道或推荐,从而提供深入有效的知识服务。

理想情况下,图书馆员不仅应当拥有图书馆学或相关专业的学士及以上学位,往往还需要同时掌握至少一门其他学科的知识。因此,图书馆员,尤其是参考馆员,往往被要求是拥有一个或两个以上的硕士学位或博士学位的专家。

3. 图书馆员的职称。中国的高校图书馆员职级通常划分为四级,助理馆员(初级馆员)、馆员、副研究馆员、正研究馆员,依次等同于中国的助理讲师(助教)、讲师、副教授、教授。一般图书管理员仅作为图书馆非专业人员,不列入高校图书馆专业职级。

美国、加拿大等国家的高校图书馆员往往作为教学人员直接授予教授职级,由低至高依次为讲师、助理教授、副教授和教授。非学术图书馆通常采用类似于中国的图书馆员职级划分。

现阶段中国高校图书馆担任教学任务的馆员有时也采用美国、加拿大等国家的高校图书馆员的讲师、助理教授、副教授和教授的职级划分。

(二)图书馆员的角色定位

在传统的图书馆里,图书馆员的工作内容主要是借书、还书,工作手段主要是手工操作,馆藏限于一馆范围之内,读者是一定范围内的对象,因此,图书馆员的角色主要还是以资料保管员的身份出现。在信息时代的图书馆,图书馆员的工作内容是进行以网络为主的信息加工与传递,工作手段主要是靠现代化的信息技术设施,馆藏不再限于一馆范围内的藏书,读者无特定范围,信息时代的图书馆将会成为一个没有边界的信息空间。

在信息时代，图书馆的信息环境发生了很大的变化，除了上述提到的几个方面之外，还表现为以下几点：信息量不断增长；提供信息的途径不断增多；信息源的种类也更加多样化。这些变化使图书馆的服务方式出现了很多新的特点，对熟悉传统的图书馆作业和服务模式的图书馆员提出了新的更高的要求，图书馆员的主要任务不再是简简单单地加工整理，图书馆员的角色将面临再次转变，开始从单一角色（资料保管员）向多元化转变。

1. 是进行信息素质教育的教育者。高校图书馆的读者绝大部分是大学生，大学生是未来社会的建设者。未来社会是一个强调培养高素质人才的社会，在未来的社会里，综合国力的显示取决于这个国家拥有多少高素质的具有信息素养的创新人才。由于高等学校是培养创新人才的主阵地，因此，作为为广大师生提供信息源的高校图书馆，有必要对读者进行信息素质教育，图书馆员要主动承担教育者的责任。具备获取知识、信息的能力很重要，可以说知识的一半是知道到哪里去寻找它。对读者进行信息素质教育，其目的是要增强读者利用知识、信息的能力。

高校图书馆员对读者进行信息素质教育，可从以下几个方面进行：①新生入学时及时组织其参观图书馆各部室的布局，讲授各部室的主要职能；②充分利用图书馆的设施条件，如完善的目录体系，丰富的馆藏，实用的多媒体阅览室等，对读者进行图书馆利用指导；③培养读者的信息意识，这是最重要的一个方面。信息意识用通俗的话解释，就是读者在潜意识里要有利用搜寻信息的想法。要通过各种方法强化读者的信息意识，使其上升到理性阶段，从而转化为明显的信息需求；④组织具有图书情报专业知识和信息素养的图书馆员给读者开设文献检索课；⑤请善于组织学习的馆员为读者讲授搜集学习材料的经验以及提高学习效率的方法等；⑥广大图书馆员要充分利用接触读者的每一个机会，耐心为读者服务的同时，对读者开展图书馆利用指导、书目指导，讲授数据库检索技巧和经验，解释目录体系及其检索方法等。

图书馆员的以上这些教育行为都有助于读者获取所需信息，并进一步提高读者发现、辨别和获取信息的能力。图书馆员对读者进行信息素质教育可以使学生从被动接收信息转变为主动获取信息，使学生获得捕捉信息的能力。还可以使学生具有了解各领域研究现状和动态的能力，以此推动自己的研究与学习。进行信息素质教育可以使学生具备终身学习的能力。

2.是进行信息整序的行家里手。由于文献和网上信息不断增长，其无序性更加严重。这些文献和网上信息如不进行整序，就像一堆堆废墟，也就无使用价值可言，文献信息的价值与其开发利用的程度是成正比的。只有经过图书馆员整序的文献信息，才能被人们充分利用。

图书馆员在整理、加工信息方面起着举足轻重的作用。图书馆员整理印刷型文献的方法技术可以运用到对网上信息的整序上。随着信息量的增加，高质量的信息整序显得尤其重要。高校图书馆员可以说是进行信息整序的行家里手，因为图书馆员具有文献分类标引的专业知识和实践经验，具有丰富的文献管理经验，具有相关的信息检索服务技术，懂数据著录，懂各种书刊数据库的建立。

3.是国内外各个领域最新信息的跟踪者。为了给读者提供内容新颖的学习资料，图书馆员收集信息时要注意跟踪国内外各个领域最新的信息。这样读者就可充分了解国内外各个领域最新的发展状况，读者的学习和研究可减少盲目性和重复性。

图书馆员要成为最新信息的跟踪者，就要从各方面进行努力：①努力提高自身的文化素质，建立合理的知识结构，努力了解各个领域的最新进展状况；②时刻关注各种新闻媒体的有关各个领域的最新报道；③建立读者信息反馈系统，及时了解读者对信息的需求状况；④积极参加社会单位团体组织的各种公益性活动，了解社会发展动态；⑤及时了解政府政策、法律、军事、社会伦理等时事性问题。

通过自身主观努力，加上高校图书馆文献信息的集散地这个客观环境，高校图书馆员可成为国内外各个领域最新信息的跟踪者。

4.是信息的传播者。图书馆员必须把收集的信息传递给读者，使图书馆收集的信息得到充分利用。在信息时代,最主要的方法是利用网络等现代化的通信手段为读者直接提供最终信息服务,馆员在网上组织一定量的信息,供读者查阅和检索。图书馆馆员通过网络向读者传播信息的质量主要取决于馆员对读者回应的速度、数字化信息的制作等,传播的途径可通过网络进行一对一的交流,读者也可直接登录高校图书馆在网络上的主页,随意浏览、查询、打印有用信息,不过这首先要求馆员要进行准确而详细的数字化信息的制作和实用的界面设计等,以方便读者查阅。

图书馆员应积极参与职业培训,不断创新管理方式与服务手段,努力提高自己科学管理文献信息的能力与水平,通过网络系统获取各种专业信息、信息资源开发创造、信息产品生产传播等知识与技能,增强自身知识的深度与广度,这是图书馆人员最重要的素质,也是开展针对性服务、个性化服务,提高图书馆地位、提升图书馆服务水平应具备的基本要求。

二、图书馆员的职业特征

(一)图书馆员的职业特点

图书馆是典型的知识性服务机构,而高校图书馆则主要是为教学、科研服务的学术性机构。馆员是图书馆服务的一线工作者,从事的是一种社会服务行业。随着信息技术和互联网的快速发展,图书馆的服务内容及服务手段不断革新,图书馆员作为一种职业,有其自身的特点,具有与其他职业相区别的基本特征,下面以高校图书馆员为例,其职业总体说来主要有以下几个特点。

1.服务对象的广泛化、多元化。图书馆的社会职能随着社会的开放与进步而不断扩大。特别是网络的发展,使图书馆从单一的传统功能走向综合性的多功能,兼容其他社会活动。随着信息化的发展,人们的信息意识日益增强,社会上各行各业的人们都对信息有了迫切的需求。同时随着图书馆的馆藏资源的数字化、网络化发展,图书馆的读者群发生了很大变化,不仅包括学校的老师和学生，还有企事业单位及城镇居民等，读者对象呈现多元化的特点。可以说网络环境下图书馆的读者是真实读者与虚拟读者并存，他们既可以是到图书馆去利用实体资源的读者，又可以是通过计算机和通信网络利用网络图书馆的各类型读者。因此，图书馆员的服务超出了借还图书的传统服务范围。以读者需要为服务中心，资源共享、主动服务、读者教育等观念已经是不争的事实。

2.服务方式的多样化。现在网络带给人们前所未有的便捷。在传统的模式下，图书馆信息服务以被动服务为主，图书馆实行网络化管理后，这种方式得到了彻底改变。图书馆将被动服务转变为主动服务，由封闭式改变为开放式的服务。为读者服务的方式不再局限于人对人、面对面的书刊借阅、文献检索等，还新增加了远程服务，即人—机交流的服务，读者可以在网上实现预约借书、网上订书、网上信息查询、网上导航等。真正实现了图书馆信息服务由被动向主动转变，读者可以足不出户，只要通过计算机网络就可以在自己家中或办公室使用图书馆，享受图书馆提供的各项服务。但是服务方式的多样化同时也给图书馆员提出了新的挑战，它要求图书馆员必须与时俱进地更新自身的知识结构并且不断提高业务能力。

3.读者需求的专业化、个性化。网络化在给人们创造了无限信息资源的同时，也造成了信息混乱的无序状态。当人们在信息极大丰富的冲击下逐渐冷静下来时，检索获取有效信息困难，尤其是获取科学技术专深信息困难的问题极大困扰着读者。在网络环境下用户不再认为信息愈多愈好，而是对信息获取更趋向专业化、个性化。更多是为了汲取有价值的知识信息，希望得到直接的、实用的信息。同时对信息的新颖性和时效性越来越注重，更讲求信息的质量，信息需求的高效化，信息服务快速、高质化。而读者个性化和专业化的需求则要求图书馆员必须充分利用网络有针对性地开展深层次的信息服务，从而最大限度地满足多层次、多类别的读者需要。

(二)图书馆员的职业生涯发展特点

特定的职业通常意味着不同的发展机会与空间,也决定了不同的生活方式。图书馆工作作为一种职业,具有社会性、科学性、教育性和服务性的特征。图书馆工作的这一特性,也决定了图书馆员的职业生涯的发展与其他行业相比,具有更鲜明的特点。

1.职业劳动的复杂性和多层次性。图书馆作为一个服务机构,担负着为广大用户提供优质信息和服务的职责,工作对象主要是普通读者、科研人员等,但在这一读者群体中又因学历、专业、知识结构的不同,各自对信息资源有着不同的需求。这种需求差异的客观存在,就使得图书馆工作人员的劳动具有复杂性和多层次性。

2.职业成就的不明显性。图书馆的工作是极平凡而普通的服务性工作,其劳动具有长期性和连续性的特点,且其社会效益带有模糊性和延迟性的特征。图书馆员作为保存和传递知识信息的中介,日复一日、年复一年地重复着相同的工作,而到年终却搞不太清楚自己一年都做了什么。所以虽然他们付出了劳动,但取得的成就却具有隐蔽性、难以测量性,从而造成职业成就的不明显性,使他们体验不到事业的成功感,也无法体验到自我价值的实现,更看不到未来的发展方向。而且图书馆服务性的工作性质决定了图书馆员是“为他人做嫁衣”,其成就依附于他人的成就但自己却榜上无名,这种职业特点很容易使社会对其职业成就认识不足,也使馆员本身得不到事业成就感和精神上的满足,因此,逐渐丧失了对工作的热情和兴趣。所以,不仅要在图书馆工作人员中提倡奉献精神,还应当广泛利用现代信息传播媒介,持久地宣传图书馆的社会作用和价值,宣传图书馆界的名人、名家,使图书馆员的作用家喻户晓,增加图书馆员的知名度。

3.技术更新快,职业压力大。新时期图书馆事业朝着自动化、网络化、数字化方向发展,全新的功能内涵、管理模式和服务方式给每一位图书馆员带来前所未有的挑战,使得图书馆员的工作与以前相比发生了很大的变化。它要求图书馆员必须与时俱进地更新自身的知识结构并且不断提高业务能力。

新时期图书馆员不但应具有扎实的图书情报基础知识、良好的外语水平，而且还要有一定的计算机专业知识、操作技能和敏锐的信息意识，能够准确地鉴别、采集、整合网络信息，一些年纪大的馆员由于计算机水平不是很高，时常感觉工作力不从心、压力大。对于高校图书馆，馆员们长期默默无闻地为教学、科研提供信息支持和服务，但由于图书馆在学校中的地位较低，使得馆员的工作得不到应有的尊重和理解，也造成馆员的情绪低落，工作热情丧失，不愿再甘当无私奉献的无名英雄。

三、图书馆员自身建设

（一）图书馆员的软实力——职业精神

图书馆的价值观和图书馆职业道德规范是图书馆和图书馆员职业精神的核心内涵。图书馆员的职业道德规范是在图书馆价值观指导下，由图书馆职业团体或政府部门制定的为图书馆员提供行为准则的成文规定，帮助从业人员规范职业行为，明确职责范围，维护职业信誉和地位。图书馆的价值观是指基于当代图书馆性质、使命及知识和文献对个人与社会作用的认识，为人们自由、平等、便利地利用信息和知识服务。

1. 馆员的精神是一种凝聚力。图书馆专业性强，部门与岗位众多，分工细密，只有各部门各岗位人员思想统一，行动一致，团结协作，才能正常运转。当今图书馆面临信息化、数字化、网络化、知识化的严峻挑战，整体竞争激烈，图书馆要适应时代要求不断调整、不断创新，否则就会陷入危机之中，就有被淘汰的危险。必须依赖全馆人员形成的强大凝聚力，让从业人员的潜能得到充分发挥。

凝聚力形成的根本动力来自全馆人员正确的职业价值观和恰当的职业道德规范，即馆员的职业精神。没有正确的职业价值观，没有正确的办馆理念和强大的职业使命感，就不会有思想认识的统一，也不会有自觉和内在的发展动力。没有恰当的职业道德规范，行动就不能协同一致，就更不可能按照职业标准与要求去行动。因此,职业精神是凝聚力形成的关键,是图书馆最重要的软实力。

2. 馆员的职业精神是一种影响力。政治家运用影响力来赢得选票,商人运用影响力来兜售商品,生活中影响力无处不在且不可缺少。影响力对任何一种职业都是不可或缺的。一种职业,正是通过它的影响力,宣示了它存在的必然性,得到社会的认可和尊重,也正是通过它的影响力,使这种职业得以发展与充实,成为一种发展的动力,图书馆也不例外。

3. 馆员的职业精神是一种吸引力。图书馆事业的公益性,不仅决定了它必须具有以人为本的良好服务,而且必须具有对于读者与用户的吸引力。如果丧失了吸引力,就会门庭冷落,很少有人光顾,吸引力如同服务一样是图书馆生存的保障线,也是图书馆发展的增长点。

图书馆要想吸引读者,良好的馆舍与阅读环境固然不可缺少,但更重要的还是人的素质——馆员良好的职业精神。馆员在正确的图书馆价值观的指导下,按照职业道德规范要求的职业精神开展活动本身就是"广告",就是"促销",就是吸引力。即使有再好的馆舍与阅读环境,没有良好的服务,读者与用户肯定也不会来的。随着经济社会的发展,文化事业的大发展与大繁荣已成趋势,公共图书馆的发展必然是数量的增加和服务质量的提高,随着竞争的加强,图书馆吸引力的提高迫在眉睫。

图书馆的吸引力离不开图书馆良好的服务,图书馆的服务又离不开馆员良好的职业精神。培育馆员的职业精神,是提高图书馆服务质量的根本,服务质量提高了才能使图书馆产生巨大的吸引力,从而发展图书馆事业。

4. 馆员的职业精神是一种推动力。当前,我国图书馆正处在从传统向现代的转型之中,这种转型不仅让传统图书馆感受到了所面临的"生存危机",更让图书馆看到了发展是第一要务,只有靠发展才能解决图书馆事业的种种问题。

推动力的持续有内在的诸多因素,也有外在的诸多条件。根本的推动力还是在内部、在人、在馆员。馆员良好的职业精神的树立与实践,才是最根本的推动力。

首先，树立良好的职业精神，馆员才能有符合时代要求的办馆理念与信仰，才能找到发展的方向与途径，才具备了迎接挑战的精神力量。

其次，树立良好的职业精神，馆员才有可能客观地认识自身所处的图书馆的现状与问题，才有可能找到一个科学的定位，找到一个符合实际的正确的发展起点和目标。

再次，发展的实现最终靠行动、靠实践。树立良好的职业精神，馆员的职业活动才能规范，才能符合发展的要求，才能协调一致地致力于发展目标的实现。

最后，馆员良好的职业精神的树立所形成的凝聚力、影响力、吸引力最终都会转化为推动力，为实现图书馆发展而服务。因此，发展的实现，固然离不开物质因素与硬实力的增强，但作为精神力量的软实力却是支配物质因素的根本。它与物质力量相结合，图书馆的实力才会得到充实，发展才会实现。

（二）图书馆员的硬实力

1. 沟通能力。图书馆员拥有良好的沟通能力，这里的沟通能力主要表现在语言文字功力上，要能捕捉到重点，准确地拿捏读者的意图，给予读者完美的反馈，提供优质服务。

2. 信息导航检索能力。馆员需要有文献检索能力和一定的导航能力，有些读者可能在搜索需要的文献时碰到困难，这时就需要馆员给予引导。图书馆每天都有读者由于各种原因搜索失败，馆员则需要辅助读者，告诉读者正确的检索方法，真正成为提供服务信息的领航员。

3. 英语知识掌握及应用能力。这里的语言知识包括两个部分，一个是上文提到过的语言文字表述能力，提高与读者沟通的效率，另一个就是需要掌握一定的外语知识，尤其是英语知识，这样才能看懂乃至翻译出比较基本的一些外国文献，提高检索外国文献的能力，提供更优质的服务。

4. 学习新知识的能力。作为图书馆员，应该自觉地学习新知识，努力拓宽自己的知识面，提高自身的专业素质，成为一个具备较高科学文化素养的人才。这里学习新知识不仅仅是说新的技能和新的事物，还有国内外最前沿的关于图书馆专业的知识，只有了解自己所在行业的最新发展，才能做好自己的工作。

第三节　现代图书馆数字化建设

一、数字图书馆概述

（一）数字图书馆的定义

1.综合定义。数字图书馆就是以数字形式贮存和处理信息的图书馆，是将计算机技术、通信技术、微电子技术等合二为一的信息服务系统。它针对有价值的图像、文本、语音、影视、软件和科学数据等多媒体信息进行收集、组织和规范加工，不再是传统图书馆以纸介质或其他非数字介质为存储载体。它利用现代先进的数字化技术，将图书馆馆藏文献数字化，通过互联网服务，供用户随时随地查询，使处在不同地理位置的用户能够方便地利用大量的、分散在不同处储存的信息。只要在有网络存在的地方，就可以随时随地查询资料、获取信息。通俗来讲，数字图书馆是因特网上的图书馆，是没有围墙的图书馆。

2.数字图书馆的主要优点。

（1）信息储存空间小不易损坏：数字图书馆是把信息以数字化形式加以储存，一般储存在电脑光盘或硬盘里，与过去的纸质资料相比占地很小。而且，以往图书馆管理中的一大难题就是，资料多次查阅后就会磨损，一些原始的比较珍贵的资料，一般读者很难看到。数字图书馆就避免了这一问题。

（2）信息查阅检索方便：数字图书馆都配备有电脑查阅系统，读者通过检索一些关键词，就可以获取大量的相关信息。而以往图书资料的查阅，都需要经过检索、找书库、按检索号寻找图书等多道工序，烦琐而不便。

(3)远程迅速传递信息：图书馆的建设是有限的。传统型图书馆位置固定，读者往往要在去图书馆的路上花费大量的时间。数字图书馆则可以利用互联网迅速传递信息，读者只要登录网站，轻点鼠标，即使和图书馆所在地相隔千山万水，也可以在几秒钟内看到自己想要查阅的信息，这种便捷是以往的图书馆所不能比拟的。

(4)同一信息可多人同时使用：众所周知，一本书一次只可以借给一个人使用。数字图书馆则可以突破这一限制，一本“书”通过服务器可以同时借给多个人查阅，大大提高了信息的使用效率。

(二)数字图书馆与相关概念的关系

由于不同学科背景和应用项目的发展，数字图书馆从研究伊始就和许多相近、相似的概念有着或多或少的联系，如“电子图书馆”“虚拟图书馆”“网络图书馆”以及“复合图书馆”等，引起了研究人员的许多争论。

1.电子图书馆。一般而言，我国所指的电子图书馆强调的是传统图书馆电子化后形成的知识资源服务体系。电子图书馆，是随着电子出版物的出现，网络通信技术的发展，而逐渐出现的。电子图书馆，具有存储能力强、速度快、成本低、便于交流等特点。光盘这一海量存储器能够存储海量的信息，比微缩胶卷要多得多，而且包括图像、视频、声音等。

利用电子技术，读者能很快地从浩如烟海的图书中，查找到自己所需要的信息资料。这种图书馆，保存信息的时间要长得多，不存在霉烂、生虫等问题。利用网络，不管在单位、家中，都可以使用这种图书，效率极高。

2.虚拟图书馆。最早提出虚拟图书馆这一术语的是一位美国学者，他认为虚拟图书馆指的不仅是一种环境，还是一种远程获取图书馆信息资源和服务的行为。

虚拟图书馆中“虚拟”一词源于计算机技术，是指用计算机来虚拟现实世界中的客观事物和环境，创造出和现实事物极其相似的镜像。信息资源的电子化及信息服务的网络化使计算机在网络的环境下营造出类似图书馆的这样一种氛围。网络上可完成图书馆开展的各项业务和服务，实际上就是在网络上构筑出了图书馆的镜像。虚拟图书馆不但利用自身的信息资源对外服务，还通过网络联结各地区、全国乃至全世界的信息资源。因此，它本身并不局限于物理意义的实体馆藏，已突破实际意义上的图书馆界限，使网上所有信息资源构成逻辑上的虚拟馆藏。它既包含了图书馆系统内的信息资源，又包括图书馆外的所有网上资源。

因此，可以说与传统图书馆相比，虚拟图书馆强调的是无墙、无物理阻隔的知识服务系统。而数字图书馆强调的是按学科门类，具有严谨的专业化信息组织，以“知识”管理的方式建立并提供“知识”服务的复杂系统和环境。两个概念有着不同的侧重点，但所指的内涵并无实质上的区别，也可以说虚拟图书馆是数字图书馆的一种更形象化的说法。

3.网络图书馆。对于网络图书馆的概念，有众多观点。其中一种认为网络图书馆是用户能远程访问、异地获取图书馆馆藏资源与服务的运行于网络环境下的图书馆计算机网络管理系统。也有学者认为，网络图书馆是由电子图书馆或数字图书馆组成，可以广泛开展电子信息服务和实现信息资源共享的计算机网络信息服务系统。另外，也有学者从跨馆合作角度来定义网络图书馆，认为它是图书馆应用现代化通信技术和计算机网络结构，按网络协议实现馆际资源共享的结合体。网络图书馆强调网络和信息技术在现代图书馆中的作用，而数字图书馆强调的是整个复杂的系统。

二、数字图书馆的资源建设

数字图书馆资源建设是数字图书馆整体建设的核心，其他环境的建立与完善都是围绕资源建设而进行的。

（一）区别于目前网上信息资源

数字图书馆与互联网检索有许多共同之处，但它们并不等同，互联网技术可以看作是数字图书馆中的一些基础手段。首先,网络内容并不能构成真正意义上的数字图书馆中的资源;其次,这些网络信息检索系统主要存储公共信息,只提供检索和浏览服务,没有进行任何馆藏管理,所以缺少一些至关重要的服务项目。虽然在数字图书馆中使用了互联网技术,但互联网并不是真正意义上的数字图书馆。它们的区别如下。

1.资源内容的组织方式不同。知识信息是浩瀚的海洋,数字图书馆资源内容是按照用户需求挑选的高价值知识内容,经过分类、编辑、整理、加工,变成受教育者易于接受的形式。它是一个有很大增值空间的有序的知识库,会出现新的知识产权关系。而目前网络上的资源内容是无序的。

数字图书馆将资源分为元数据库和对象数据库。对象数据是指数字化的文本、图像、声音、视频等,元数据则是描述其他数据的数据。对象数据库呈分布式存放在各地的资源站点内,元数据则有必要集中在数字图书馆中心的超大规模服务器上(或若干个通信条件好的镜像站点上);用户查询时,中心调度系统通过元数据调度各对象数据库数据以提供服务。

2.资源内容标引方法不同。目前网络上提供的信息资源有的也经过一定的标引,但其标引深度以文献条目为主,大多数全文文献则是不经标引的,在有用户请求时由因特网搜索引擎按每个文献的前50~200字进行关键词抽取,并与查询请求匹配得出结果,其查全率、查准率都有局限性;数字图书馆的资源标引则是对文献内容和每一数据对象使用标准通用置标语言,并抽取元数据组织元数据库。

3.检索效果不同。数字图书馆由于进行了上述工作,使各资源库之间实现跨库无缝连接成为可能,只要使用合适的搜索引擎,用户就能够既方便又迅速地找到所需要的内容。当你进入到数字图书馆的资源库时,便犹如在知识的海洋中遨游一样。而互联网上的信息则与之不同,它没有经过上述环节的加工、标引(只有部分主页被标引过),用户检索时需要对一个个网站进行访问。在使用搜索引擎检索海量的信息时,既慢又不全。

(二)数字信息资源的建设原则

1.整体性原则。从宏观上来考察,狭义数字图书馆仅仅是广义数字图书馆众多节点中的一个节点。它是广义数字图书馆的组成部分。因此,狭义数字图书馆的信息资源建设无疑应该融入广义数字图书馆信息资源建设的规划之中。每个狭义数字图书馆都必须根据整个社会信息资源共建共享的计划来进行自己的信息资源建设,和其他馆分工协作,从而确定其信息资源收藏范围。整体性原则和以下所述的特色化原则有十分密切的联系,但不完全一致。

遵循整体性原则,但各馆的馆藏建设也必须具有特色,才不会和其他数字图书馆重复。遵循整体性原则,主要着眼点是在分工协作方面,保持特色仅是分工协作的一个方面,应该说大部分数字信息是不具有特色的,如当代的文艺小说、较为经典的文艺小说、各学科的基本参考书、流行的外语学习参考书等,这都要遵循整体性原则,通过分工协作来进行。为了使各个数字图书馆都能有效地遵循整体性原则,统一规划、管理各个数字图书馆就显得尤为重要。可以设想,在发展本馆的信息资源时,每个馆都要把大量的印刷型文献转化成数字化文献,如果不进行分工协调,重复劳动就不可避免,这将造成人力、物力、时间上的巨大浪费,比以前重复建设书目数据库时的浪费还要严重。

2.特色化原则。各数字图书馆在进行数据库建设的时候,必须遵循特色化原则。特色化数据库的建设要注意以下几点。

(1)独特性:要保证所建立的数据库的数据具有唯一性,不能和其他馆的数据重复。

(2)全面性:在建立特色数据库时,要保证数据的完整性和全面性。这方面有两层意思:一是数据库的数据要收集得全面;二是有关的书目数据著录要完整、全面。各馆必须首先确定本馆的馆藏特色,在确定馆藏特色范围后,一方面应该将本馆有特色的印刷型文献逐渐转换成数字化文献,另一方面根据所确定的馆藏范围,到网上寻找有关网络信息,将其下载到本地,经过长期积累,也能形成新的特色馆藏。不能一哄而上地搞内容类似的数据库,如都搞经典文学作品数据库、教育辅导书数据库、名家作品数据库、武侠小说数据库等。由此可见,特色化原则和整体性原则虽有关联,但各有偏重,前者是强调特色,后者是强调分工协作。

3.“用户至上”的原则。这是图书馆的一贯原则,不能满足用户需要的信息资源,无论如何“特色”,也无济于事。但这对数字图书馆来说是一个新的课题。因为以往传统图书馆的用户相对来说是固定的,而数字图书馆由于打破了行业系统的隔阂和地域的局限,用户的范围会变得难以确定。因此,进行用户调查,尤其是对网上用户进行调查将是重要而又艰巨的工作。这种调查也必须在统一管理协调下,和其他馆互相分工协作进行。只有了解用户的需求,才能确定收藏的范围。

遵循用户至上原则,要使收集到的数字信息具有针对性、新颖性、可获取性等特点,这样才能符合用户的需求。数据库建设要注意标准化,必须遵循有关国际和国内的通用协议或格式,这样建成的数据库才能适应各种通用的软硬件,既能在本地供用户使用,又能使用户通过网络使用。此外,由于虚拟资源的生产速度要快于现实资源,所以在获取文献的时间性上要优于现实资源,如果两者内容相同,从用户的角度出发,应该首先考虑发展虚拟资源。

4. 科学性原则。数字图书馆的信息资源建设和传统图书馆的区别主要就在于需要对网络信息资源进行采集。和正式出版的印刷型文献相比,网络信息资源具有产生速度快,数量大,信息发生源固定性差,缺乏社会的监督评审等特点。因此,数字图书馆的信息资源建设尤其要遵循科学性原则:一是要运用科学的方法来研究网络信息的分布规律;二是必须用科学的态度对那些缺乏社会监督的网络信息资源进行鉴别,从中筛选出有价值的信息。

5. 系统性原则。只有系统地、连续地采集和积累信息资源,才能充分发挥资源的效用。尤其是重点或特色资源的采集,更应力求保持系统、连贯和完整,决不能时断时续、支离破碎、不成系统。每个文献只有当它是整个文献集合体的一个有效组成部分时,才能充分发挥其潜在的价值。

（三）资源库建设的具体步骤

资源库的建设需要耗费大量的人力、物力、财力，是一个跨行业、跨部门的系统工程。资源库的建设可大致分为下面几个步骤。

1. 编写脚本。对于资源内容的建设者来说，首先应当编写脚本，脚本包括：素材的搜集、整理和编辑，确定元数据的格式，提出数据结构要求。

2. 资源内容再制作。根据不同需求，数字图书馆的文本、图像和视频等一些原件通常要制作成几种类型。选用哪种类型要根据用户访问的方便性、使用的效果、制作的费用、使用的标准以及占据的空间、档案的管理等综合因素考虑。

数字图书馆内容的再制作常常依靠有经验的专业公司和图书馆的加工部门共同完成。

3. 资源内容标引。经过再制作的数字文件，要由标引人员进行标引。包括分析内容，给出主题分类，并使用基于SGML、XML开发的资源加工系统软件对资源内容进行置标。

4. 质量检查。加工后的文件还要进行质量检查。其中包括对资源再制作的效果（声音质量、图像大小、图像质量等）、标引的正确性等进行检查。

5. 归档。当信息资源加工工作全部完成后，还需要将全部数字化文件归档，存入资源库。

6. 元数据抽取。数字图书馆资源库中的元数据可分为三大类：描述性元数据、结构性元数据及管理性元数据。元数据抽取如果用人工来做，是十分麻烦的，元数据的抽取应由相应的加工系统的软件功能自动完成。

三、数字图书馆个性化信息服务

（一）数字图书馆个性化信息服务的必要性

1. 网络技术的发展。人们在现实生活和网络环境中，对信息的需求就像使用空气一样；为了获得充足的、实时的信息资源，人们通过多种服务渠道和服务方式来实现对信息的需求。信息服务机构的推陈出新，拓宽了人们的信息获取渠道；由于信息资源成倍数增长，大众化的信息内容逐渐被淘汰，越来越多的用户趋向于获得个性化的定制的信息服务内容，这改变了用户获取知识的习惯和行为。网络技术的发展加剧了信息资源数量与质量之间的矛盾，使传统图书馆的信息服务模式遭受到强力冲击，对数字图书馆的服务模式提出了新的要求，加速了信息服务方式的变革。

网络技术和通信技术的发展对数字图书馆的运行和服务方式提出了新要求。用户对信息资源具有时效性和可用性要求，这要求数字图书馆能够快速部署信息服务内容并方便快捷地提供给用户，较大程度上改变了用户的信息使用方式和习惯；用户对个性化信息的需求也伴随出现，数字图书馆要想打破信息服务效率低下和信息服务质量不高的壁垒，改变被动的信息服务局面，就必须迎合用户的个性化需求，提供针对性的和差异性的服务内容，通过改变服务内容和提升服务质量来获得用户的信任和青睐，慢慢稳步发展前进。

2. 服务对象的差异性。图书馆的信息服务对象具有专业性，所面对的大多是专家学者或者教师学生，这一群体一般都具有较高的学历、较强的学术科研水平，更有甚者是某一专业领域的带头人。这些特性使得他们对信息的获取具有很强的专业性和前瞻性，他们想要获取的信息除了满足自身的需要外，还要满足对科研动向和教学的需求。

正是由于数字图书馆的服务对象的这一特殊性，使得用户对图书馆的信息服务提出了更新更高的要求，主要表现在三个方面：数字图书馆提供的信息资源通常为学术资源，这就使其成为专业用户获取信息的主要场所，为了满足用户的学习型需求，数字图书馆需要构建有利于自助式学习的专业环境和内容；不同用户涉足的领域不同，对信息需求的内容就更有差异性了，如为了提升自己专业素养的知识型需求、为了提高实践和应用能力的应用型需求以及培养兴趣爱好的娱乐型需求，等等；随着用户获取信息的渠道和模式的增加，用户对信息需求的方式和行为表现出了许多新特性，呈现出个性化与多元化交织的局面。

以上这几个方面的需求要求数字图书馆除了具备基本的满足大众化信息需求的能力外,还要具有满足个性化信息需求的可能性和能力,这是数字图书馆在发展过程中必须考虑的问题。

3.数字图书馆未来发展趋势。图书馆作为文献收集和知识存储中心,一直是用户获取信息的重要场所。传统的信息服务模式对用户来说是被动的,即用户有需要时才会向图书馆提出信息需求,再经由被动地检索提供给读者。此外,图书馆的信息资源大多局限于本地资源,与其他图书馆之间缺乏资源和信息的共享、交流。

网络技术的发展,特别是云计算时代的到来,使得图书馆不再是用户获取信息的唯一途径,高效的网络使得用户获取信息和交流的方式突破了时空的限制。伴随着海量信息资源的出现和指数式增长,信息服务提供商的数量和模式也在逐渐增长和改变,新的信息服务提供商利用电子书、数据库等多媒体信息资源与数字图书馆争夺市场,传统数字图书馆由于资源存储介质和模式的限制处于劣势。这些新威胁的出现造成数字图书馆大量用户的流失,导致信息资源的闲置,使得数字图书馆运维成本提高,给数字图书馆的发展带来了障碍。但同时也给数字图书馆的发展提供了动力,迫切需要数字图书馆提供个性化的信息服务,优化资源配置,走特色化、个性化服务发展之路,提供高质量的个性化信息服务来吸引用户。

(二)数字图书馆个性化信息服务模式创新

1.个性化智能推送服务。信息智能推送服务是一种计算机分布技术,它能依据读者意图推测并自动把相应的数据信息推送给读者。传统的服务器模式是基于双向配合的信息传递方式,依靠用户积极提出请求然后服务器做出响应。推送技术实现的相关服务功能在数字图书馆个性化信息服务中至关重要,该服务功能可以根据用户的图书浏览方式以及已经阅读的图书信息推荐相关资源,这样做的好处是便于给用户提供自己不明确但又实际有效的图书信息。

2.个性化定制服务。当前,国内知名度较高的图书馆信息服务系统已经实现了智能定制功能。比如,清华大学图书馆、上海师范大学图书馆通过开发基于分析读者的知识结构以及整合馆藏数字资源和网络资源的智能定制系统,为用户提供了多元的个性化服务方式。

3.智能代理服务。智能代理的服务模式基于智能化检索,该模式的智能处理依靠信息系统共享平台和智能信息系统来完成。该服务方式属于主动推荐,对用户的信息推送相对隐秘,具有依据科学、操作便捷的优势,属于较深层次的推荐服务形式。这种代理服务既能满足用户迅速找到合意信息,又能得到出乎意料但实际需要的信息。由于当前国内图书馆智能代理服务处于探索阶段,所以吸取借鉴国外先进应用成果的意义重大,通过研究国外智能代理服务的发展动向来开发推广智能代理服务,给予用户出色、高效的服务已成为图书馆信息服务创新的首要职责。

第五章　图书馆信息资源建设

第一节　图书馆信息资源建设概述

一、信息资源建设内涵

（一）信息资源建设含义

1.情报学界对信息资源建设含义的理解。情报学界对信息资源建设含义的理解，主要是指在组织和管理信息资源的过程中，采取科学的方法和手段，建立全面、准确、权威、可靠、共享和开放的信息资源库，以支持组织的决策和运营活动。

具体来说，情报学界对信息资源建设的理解包含以下几个方面：资源的全面性：信息资源建设应该全面覆盖所要支持的业务领域，涵盖各种类型的信息资源，如文档、数据、多媒体等。资源的准确性：信息资源建设应该保证信息资源的准确性和可靠性，需要采用科学的方法来进行信息的采集、整合、处理和管理。资源的权威性：信息资源建设应该建立权威的信息资源库，采用专业的标准和规范，以确保信息资源的权威性和可信度。资源的共享和开放：信息资源建设应该遵循共享和开放的原则，将信息资源开放给组织内外的用户，以提高信息资源的利用效率和质量。资源的管理和维护：信息资源建设需要建立健全的信息资源管理制度，实现信息资源的有效管理和维护，以保证信息资源的可持续发展和利用效果。综上所述，情报学界对信息资源建设的理解是建立全面、准确、权威、可靠、共享和开放的信息资源库，以支持组织的决策和运营活动。

2.图书馆界对信息资源建设含义的理解。图书馆界对信息资源建设的理解，主要是指构建数字化的、开放的、共享的、多样化的信息资源库，以提供更多元化、更便利的图书馆服务，满足用户不断增长的信息需求。

具体来说，图书馆界对信息资源建设的理解包含以下几个方面：①资源的多样化。信息资源建设应包括图书、期刊、报纸、电子文献、音频、视频等多种不同类型的资源，以满足用户的多样化需求；②资源的数字化。信息资源建设需要将纸质资料数字化，建立数字化的信息资源库，以方便用户进行检索、浏览和使用；③资源的开放和共享。信息资源建设应遵循开放和共享的原则，将信息资源对外开放，让更多的用户使用和分享，以提高资源的利用率和用户知识创新能力；④资源的服务化。信息资源建设应以用户需求为中心，为用户提供全方位、多样化、便利化的图书馆服务，提高用户满意度和忠诚度；⑤资源的管理和维护。信息资源建设需要建立健全的管理制度，实现信息资源的有效管理和维护，以保证信息资源的可持续发展和利用效果。（此方面与情报学界对信息资源建设含义的理解一致）综上所述，图书馆界对信息资源建设的理解是建立数字化的、开放的、共享的、多样化的信息资源库，以提供更便利的图书馆服务，满足用户不断增长的信息需求。

（二）信息资源建设内容

1.藏书建设。购买、编目、分类、索引等。

2.数字化建设。数字化图书馆、数字化资源的采集、整理、加工、管理。

3.信息技术建设。网络系统、文献传递、电子资源检索等。

4.服务人员建设。图书馆的专业人才的培养和继续教育。

5.信息管理方针。构建信息服务环境，制定服务规范和流程。

6.信息评估管理。对馆内信息资源进行评估和管理。

7.读者教育。针对不同阶层的读者，开展术语讲解、信息素养教育等活动。

8.社会文化活动。丰富图书馆文化内涵,开展社区活动、讲座、展览等。

以上是图书馆信息资源建设的主要内容,综合考虑各方面因素,科学规划和投入相应的资源,可有效提升图书馆的文献服务水平、信息资源利用率、知识产出效率,满足读者信息服务需求。

二、信息资源建设的影响因素

信息资源建设的影响因素有很多,以下是其中比较重要的几个:①资金。信息资源建设需要投入大量的资金,如果资金不足,则会制约图书馆信息资源的积累;②技术。现代信息技术的发展,对于信息资源建设的重要性不言自明,图书馆信息资源建设要具备先进的技术和设备;③人才。具备信息资源建设和管理的专业人才,是信息资源建设不可或缺的重要因素;④政策。政策对图书馆信息资源建设的影响也非常大,制定合适的政策,能够支持图书馆信息资源的长期发展;⑤用户需求。图书馆信息资源的建设,应该紧密关注用户需求,合理规划信息资源,以满足用户的诉求,提高用户满意度;⑥社会环境。社会环境是影响图书馆信息资源建设的重要因素,外部环境的变化会影响到图书馆信息资源的建设和管理。

以上是影响图书馆信息资源建设的重要因素,需要综合考虑,科学规划和投入相应的资源,才能有效推进图书馆信息资源的建设和发展。

(一)影响信息资源建设的经济因素

1.知识经济的发展。众所周知,经济是社会发展的基础,因而经济因素也是影响信息资源建设最为基础的因素。当前的时代是知识经济迅速发展的时代。知识经济是建立在知识与信息的生产、分配和使用的基础上,是继农业经济、工业经济之后的一种新的经济形态。

2.知识经济的特征。知识经济作为一种新的经济形态,有其显著的特征,如下。

(1)科学技术是知识经济形成的基础:知识经济的发展依赖于知识和信

息的生产、分配与使用。

(2)科学与技术共同支撑知识经济的发展:科学技术作为社会第一生产力,不仅引领现代社会知识经济的发展,而且为更广泛地传播与利用知识提供了坚强的基础和有利的条件。

(3)学习与创新是知识经济发展的重要条件:知识经济注重信息和知识的传递与使用,处于知识经济时代的人们只有不断学习,积累并创新知识,才能适应社会的不断发展。

(二)影响信息资源建设的政治因素

信息资源建设是选择、收集、组织、布局、开发和利用信息资源的社会性活动,必然受到国家政策的影响。国家政策对信息资源建设有着重要的指导和调节作用,因而在信息资源建设过程中必须认真贯彻落实国家的相关政策。

第一,落实科学发展观,要求把国民经济信息化作为战略重点,把开发利用信息资源作为突破口。科学发展观是党和政府从我国新的实际出发提出来的重大战略决策。科学发展观的核心之一就是转变经济增长方式,把经济建设从主要依赖于自然资源的消耗转移到依靠科技进步和提高劳动者素质的轨道上来,从而实现社会的可持续发展。要实现这一目标,人们必须充分掌握有关信息,因为信息资源是开发利用物质资源、能量资源的基础。党和政府也十分重视信息资源的开发利用。

第二,建设国家创新体系,要求把信息资源建设作为核心,不断提高国家自主创新能力。面对知识经济的迅猛发展,世界各国正积极研究知识经济的规律与特点,制定适合本国发展实际的战略。

(三)影响信息资源建设的文化因素

文化是国家和民族的灵魂,集中体现了国家和民族的精神与品格。当今世界,随着文化地位的提升,文化与经济、政治、科技的结合日益密切,特别是互联网的发展加剧了各种思想文化的相互碰撞,促进了文化的繁荣与发展,对新时期信息资源的建设产生重大影响。

1.推进社会主义文化的发展。推进社会主义文化大发展大繁荣的方针为信息资源建设提供了更加广阔的发展空间。改革开放以来,党和政府高度重视社会主义文化的繁荣与发展,制定了一系列重要的方针政策。

2.文献出版事业的发展。文献出版事业的发展为信息资源建设打下了坚实的基础。文献出版,是指运用社会化生产工具将人们智力劳动的成果,通过标准化、批量化制作转化为社会产品的活动。以图书馆为例,虽然在现代网络信息环境中,各种非纸质的信息载体大量涌现,已成为图书馆信息资源结构中不可或缺的组成部分,但对大多数图书馆来说,传统的印刷型文献仍然是信息资源体系的主体部分,是图书馆信息资源建设的物质基础和源泉。

3.网络书店的兴起。网络书店的兴起为图书馆信息资源建设注入了更为新鲜的活力。网络书店,又称网上书店,是指利用信息技术、数字技术和网络技术在互联网上进行图书交易的一种新型书店。近年来网络书店发展迅速,凭借着电子商务的技术平台、以方便快捷的交易方式,赢得了顾客的信任。网络书店的兴起对图书馆信息资源建设也产生了较为深刻的影响。

三、图书馆信息资源建设

(一)信息环境的变化与图书馆资源建设

1.信息环境的变化。互联网与社会生产生活深度融合,新业态精彩纷呈。互联网对资源建设的影响主要体现在两方面:一是跨界融合。多行业领域信息资源实现融合,包括图书馆结构化信息资源与非结构化的用户数据的融合,不同类型图书馆与公共文化机构数字资源的融合,不同信息生态资源的融合(如纸质资源与电子资源的融合);二是连接一切。互联网连接所有图书馆的资源与服务,所有资源和服务都可以通过网络来提供和获得。图书馆无论大小，在云环境下连为一体，真正实现信息资源共建共享。

泛在信息环境已然形成，社会信息需求发生明显变化。泛在信息环境下社会信息需求的变化包括信息需求主体的多元化，信息需求内容的综合化，信息需求载体的多样化，信息资源利用的高效化。

传统阅读与数字阅读此消彼长，数字阅读成为常态。数字阅读不仅在我国国民阅读中占据的份额逐年上升，并且已经成为获取学术信息的主要来源。开放获取成为获取学术信息资源的重要渠道，也成为一种全球共识，它大大降低了图书馆资源建设的成本，推进了学术信息资源的交流与共享。

2.新信息环境下图书馆资源建设的变革。

（1）图书馆资源建设概念的转变：图书馆资源建设的概念应从文献资源建设向信息资源建设转变。随着时代的变化，“文献资源建设”这一概念已然陈旧，且充满了局限性，“信息资源建设”的提出成为时代发展的必然。

（2）图书馆资源建设内容的转变：信息资源建设的主要内容包括信息资源体系规划、信息资源的选择与采集、馆藏资源数字化与数据库建设、网络信息资源的开发利用、信息资源的组织、整合与管理、科学数据管理（数据管理计划、数据组织与描述、数据存储与备份等）、信息（数据）资源共建与共享。

（3）图书馆资源建设目标的转变：图书馆资源建设的目标应从拥有资源向为提升保障能力转变，即从确保拥有文献信息资源，向确保用户能够使用文献信息资源转变。在数字化、网络化信息环境下，资源建设的立足点应放在“资源供应能力建设”上，从经济、方便、可靠的角度保障“资源供应”，与资源供应渠道的建设充分结合起来，形成整合建设的机制。

（4）图书馆资源建设标准的转变：图书馆资源建设的标准应从单一向多元转变。用户标准成为资源选择的首要标准，质量标准的内涵更加丰富，技术标准的重要性更加突出，法律标准成为注重的因素。

（5）图书馆资源建设观念的转变：图书馆资源建设的观念应从自给自足向共建共享转变。新环境下，文献信息数量激增与图书馆有限收藏能力的矛盾加剧，信息需求的广泛性和复杂性与图书馆满足需求的能力形成强烈的反差。数字环境使信息资源建设的整体协调变得更为必要和迫切，信息技术的发展也为资源共建共享提供重要技术支持。

（二）大数据环境下的图书馆信息资源建设

1.大数据时代的信息资源特征。

（1）信息资源建设发展速度较快：随着互联网的普及，在信息资源建设工作方面，中国虽然起步较晚，但发展速度较快。

（2）开放性与互动性并存：大数据时代，用户随时可以通过开放的平台对信息资源进行访问和共享，允许用户积极向互联网上传信息或通过微博、微信、电子邮箱等形式进行信息交流，从而使整个网络信息由单向输出变成双向交流的互动过程。

（3）信息资源类型丰富：大数据时代不仅带来了数据量的急剧增长，还带来了数据类型的巨大变化，非结构化数据大量膨胀，信息资源类型丰富多样，形式上表现为文字、图像、音频、视频，还包括数据库、软件，是多语种、多媒体、多类型信息的混合体。

（4）传播范围广且速度快：大数据时代随着信息资源数量急剧增长，其信息结构变化非常迅速，传播范围也越来越广，用户发布一条信息只需很短时间就可以传到世界各个终端，大大提高了工作效率。只要有网络覆盖的地方，就有信息的传播和交流。

2.大数据环境下图书馆的信息资源建设。

（1）信息资源建设促使存储基础设施的升级：海量信息数据要求大数据具有独特的架构，最直接的表现就是推动图书馆信息资源存储基础设施的升级和发展。大数据技术对数据的处理要求海量、高速、快捷、自动化等，这就促使高校图书馆信息资源的存储基础设施必须能满足大数据运转要求。

随着信息资源的迅猛增长，图书馆的存储容量也在不断扩大，图书馆的信息资源服务器必须构建新的硬件存储系统，采用存储能力更强、计算能力和传输能力更强的大数据技术，这样才能满足海量数据分析处理、价值挖掘等运转的要求。

(2)信息资源建设要求数据系统化、信息化、标准化、多样化：不仅馆藏资源存储的硬件设施无法满足容纳大数据异常庞大的数据量，当前图书馆信息资源的数据存储架构也无法满足大数据非结构化架构的要求。经过近些年的数字图书馆建设，图书馆的信息资源数字化建设已取得相当大的成效，数字资源也已成为馆藏资源中的重要组成部分，且馆藏信息资源数字化程度还在持续提高当中。然而，当前图书馆的信息资源构成仍然是纸质资源、数字资源并重，其中数字资源又以结构化信息资源为主。而海量非结构化数据是大数据的基础和核心。因此，图书馆信息资源建设应转向非结构化数据存储架构，构建新的文件系统，信息资源在生产、存储过程中全部采用非结构化存储，在软件、硬件上实现数据的系统化、信息化、标准化建设。

图书馆信息资源建设应在载体、形式、种类等多个方面齐头并进，促进馆藏资源多样化发展。针对已有的结构化馆藏信息资源，应采用回归分析、聚类分析、特征分析等不同的数据挖掘技术，充分挖掘出现有数据的潜在价值。通过对这些信息资源的深度挖掘，将所有信息资源进行二次开发、显著性关联等数据整合处理，使得异源异构的信息数据之间紧密联系，从而最大程度开发出信息资源的应有价值。

(3)信息资源建设以用户需求为向导：图书馆信息资源建设的目的在于为用户、为社会提供满意的信息咨询服务，因此用户的信息需求是图书馆发展不变的动力。为了提高图书馆信息资源的利用率，必须对用户需求进行准确分析，在满足图书馆信息资源建设的科学合理性要求的同时，满足不同学科、不同专业深度、不同研究对象的用户需求。

(4)信息资源建设应以图书馆联盟共建共享为目标：图书馆在信息资源建设过程中，因为需要结合自身用户需求以及自身学科优势进行建设，这就造成了图书馆的信息资源相对不够全面。大数据环境下，单个图书馆的信息资源已难以满足所有用户对信息的需求，而仅靠单个图书馆的力量去建设所有领域的信息资源是完全不可能的。在近年图书馆发展中,图书馆联盟的出现正是因为各个图书馆意识到良好的图书馆发展离不开彼此之间的共建共享,唯有联合建设图书馆馆藏资源,彼此资源互借共享,才能满足所有图书馆用户的不同需求。

大数据环境下,图书馆的信息资源建设还要与信息资源供应商、服务商开展数据、技术等多方面的合作,采用正确有效的用户数据分析技术、数据挖掘技术、信息资源检索技术、信息资源交换技术等,合作研发合理有效的信息资源存储、挖掘、分析系统,使得信息资源具有更强的时效性、准确性、全面性。

(5)信息资源建设要求变革人才制度和管理体制:图书馆良好的发展离不开优秀的人才制度和管理体制。在大数据环境下,现有的图书馆人才制度和管理制度都必须进行变革。一方面,大数据环境下图书馆的建设与服务需要使用新型信息技术,需要在现有图书馆员中培养出一批或者引进一批具备大数据技术的高素质图书馆员;另一方面,大数据环境下的图书馆管理制度必然存在变革,无论是业务流程、服务理念还是考评机制等,都需要与时俱进。

第二节　图书馆信息资源整合

一、信息资源整合概述

(一)信息资源整合的概念

信息资源整合是指将不同来源、不同类型的信息资源进行有效整合,以便于共享、利用和管理。信息资源整合可以帮助组织更好地管理和应用信息资源,提高信息素质和信息管理效率。具体来说,信息资源整合包括以下几个方面。

1.数据整合。数据整合是将不同来源、不同类型的数据进行有效整合，以便于组织使用。例如，将不同部门的数据整合在一起，帮助组织进行综合分析和决策。

2.应用整合。应用整合是将不同应用程序或软件整合在一起，形成一个更完整的解决方案。例如，将不同的软件整合在一起，帮助人们更有效地处理信息和进行沟通。

3.知识整合。知识整合是将不同人员的知识和经验整合在一起，形成更全面的知识体系。例如，将不同专家的知识和经验整合在一起，帮助组织更好地解决问题和创新。

信息资源整合可以帮助组织更好地利用自身的信息资源，并整合外部的信息资源。通过信息资源整合，组织可以更好地实现知识共享和协同工作，提高信息管理和利用效率，提高组织的绩效和竞争力。

（二）信息资源整合提出的背景

信息资源整合是信息管理领域的一种应用技术，它的提出背景可以从以下几个方面来理解。

首先，信息资源的数量和种类不断增加。随着信息技术的发展和应用，各种类型的信息资源不断涌现，如文本、图像、音频、视频，等等。这些信息资源存在于不同的系统、软件和应用程序中，如果不进行整合，就难以发挥它们的价值和作用。

其次，信息资源的利用和管理需要更高效和更专业化的方式。在信息化的今天，信息已经成为组织管理和决策的重要资源，因此需要通过更加高效和专业化的方式来进行管理和利用。信息资源整合可以帮助组织更好地管理和应用信息资源，提高信息资源利用效率和质量。

此外，信息资源整合也是因为信息应用的需求。随着商业、科学、教育等领域的发展，信息应用的需求越来越复杂和多样化。只有将不同来源、不同类型的信息资源进行整合，形成更完整和更有价值的信息资源，才能满足这些复杂的需求。

综上所述，信息资源整合是由信息技术的发展需求和信息管理的要求等多方面因素共同推动和形成的。

（三）信息资源整合的原则

1.共享和开放性原则。信息资源整合应该遵循共享和开放性原则，即信息资源应该对组织内外的用户都可以使用，可以在不同的系统和应用程序之间共享和流通。这可以提高信息资源的利用效率和管理效果，促进组织内部的协同和合作。

2.统一标准和规范原则。信息资源整合应该遵循统一标准和规范原则，即所有的信息资源应该采用统一的标准和规范进行管理和交互。这可以保证信息资源的一致性、准确性和可靠性，提高信息交互和利用的效率。

3.模块化和可扩展性原则。信息资源整合应该遵循模块化和可扩展性原则，即将信息资源进行模块化设计和组合，使整个系统更加灵活和可扩展。这可以使信息资源更容易进行更新和升级，适应不同的需求和环境。

4.安全和保密原则。信息资源整合应该遵循安全和保密原则，即对关键信息进行保密和防范，保障信息资源的安全性和可靠性。这可以保护重要的信息资源，防止信息泄露和滥用，提高信息管理和利用的可信度。

综上所述，信息资源整合的原则是多方面的，在实际整合过程中需要综合考虑不同方面的因素，以达到更好的整合效果和管理效果。

二、信息资源整合实践

（一）信息资源整合的研究内容

信息资源整合不仅仅是简单地把信息资源组织在一起，它是一个研究范围很广的领域。它涉及与信息资源整合相关的理论、方法、技术的研究，整合系统的检索与评价研究，还有整合所涉及的前沿研究。

1.信息资源整合理论与方法的研究。表面上看,信息资源整合是一个操作性工程,但它实际上包含有许多深刻的理论和方法。因此,做好整合工作还需对信息资源整合的基本理论和方法进行研究。基本理论的研究应注重信息资源整合的内涵、特点、动因、目标、原则、功能等方面的研究,为整合的规划、实施提供理论指导。在整合方法的研究方面主要研究有哪些整合方式:如门户式的整合还是数据式的整合,是平台的集成还是软件的集成;还要进行各种整合方法的比较研究,分析各种方法的特点和适用对象,为资源整合部门选择整合方法提供参考;另外还要进行整合的操作流程的研究,为整合部门提供最佳的整合实施方案。

2.信息资源整合技术研究。信息资源整合涉及的领域很广,所应用的技术也很多。例如,数据的组织技术,研究不同类型、不同结构的数据如何组织在一起;数据转换技术,解决不同格式、不同平台下的数据转换问题;索引技术,主要解决整合后的索引如何构造的问题,这些索引要满足不同检索算法和检索需求,如全文检索、同义词检索、排除检索、扩检和缩检等;数据描述技术,如信息源的语义内容描述、语义的识别能力及信息重复率、覆盖度等研究,也包括如何用元数据来表达整合后的数字信息;信息自动化处理技术,如自动标引、分类等;多媒体技术,包括多媒体信息的整合与检索,信息的可视化展示等;个性化服务技术,如个性化推荐服务、定题信息提供等。

3.整合资源的检索研究。整合的目的是方便用户获取和使用各类资源,资源的获取是通过检索手段来实现的。因此,只有对检索系统充分研究,才能使其发挥最大的作用。例如,检索算法的研究,其中涉及全文检索、组合检索、概念或语义检索、基于本体的检索等;优化检索的研究,如自动扩检和缩检、排除检索、同义词检索等;跨越式检索(或称集成检索)技术的研究,如一站式检索、跨库检索、跨语言检索、跨平台检索等;多媒体检索技术的研究,如模式识别、可视化检索等;其他检索方面研究内容,如检索协议、检索结果的相关性研究,等等。

4.信息资源整合系统评价研究。评价信息资源整合系统的目的是改善整合系统，提升其运行效率。一般说来，评价信息资源整合系统具体包括下面几个方面。

(1)资源的评价：主要评价资源是否完整，在收录的学科范围内是否全面；是否"精"或具有与他人不同的特色资源；资源的价值如何等。

(2)资源的组织评价：资源间的关联是否实现了无缝连接；资源的组织结构是否便于实现多种途径的检索；是否便于增删改等。

(3)检索平台的评价：是否实现了一站式检索；是否能够跨库、跨语言检索；是否对冗余结果进行了处理；是否进行了相关性输出等。

(4)检索效率的评价：如检索的反馈速度、检索的功能、查全率和查准率等。

(5)系统的服务功能以及它产生的经济和社会效益评价：此外，评价的研究还应包括资源利用率的评价、评价体系与评价指标的研究等。

(二)信息资源整合关键技术

信息资源整合不仅仅是把信息资源聚集在一起，而是涉及对信息描述、组织、处理、整序、检索、服务等方方面面，这些方面都需要有一定的技术来支撑。

1.数据的组织、转换相关技术。数据的组织技术主要解决不同类型、不同结构的数据如何组织在一起。如信息资源涉及的分类控制方法：行业分类表、地区分类表、中图法范畴分类体系、用户自定义分类体系等资源的分类组织技术。数据转换技术主要是解决不同格式、不同平台下的数据转换问题，不同格式文件的格式分析，数据的查重、去重技术等。此外还包括数据封装技术，如XML技术。

2.索引技术。索引是关系型数据库里的重要概念。总的来说，索引就是拿空间换时间。数据库技术和大数据技术会有一个融合的过程，大数据的核心是"大"，大数据索引和传统索引最主要的不同就是数据量的级别增大后索引本身也会变得很大。另外一个变化就是很多索引不再单独存储。有一种思路就是,数据本身以索引的形式存储下来,需要的时候才加载到内存中,而不是像传统技术中那样将全部索引装载到内存中。

3.信息描述技术。

(1)信息描述:信息描述是对信息资源进行著录、标引、评价的过程。既需要按照要求傻瓜式进行“填空”,也需要一定知识和技能进行创造性智力劳动。一个好的描述,不仅仅方便用户了解信息资源对象,减少用户利用信息资源的时间,而且能方便用户检索和整合信息。

(2)信息描述的原则:①客观性。所进行的描述需要真实、客观。不要刻意夸大和贬低。但允许基于个人利用信息资源的体验做适当评述。严禁商业行为和做类似广告性的描述。不要出现“最”或“第一”等过于绝对和主观的说法;②原创性。不提倡直接用网站自己的介绍作为描述,反对不做任何加工进行拷贝。提倡对信息资源有比较了解的客观描述;③利用性。描述需要从信息资源的学术与教学需要出发,充分挖掘可利用的信息资源;④利于发现。为了便于站内搜索、关联检索和信息组织,以及方便搜索引擎进行索引。有些内容可在不同的字段多处出现或反复揭示。

4.信息处理技术。信息处理技术是指用计算机技术处理信息,计算机运行速度极高,能自动处理大量的信息,并具有很高的精确度。

信息处理技术包括信息系统技术和数据库技术。人类对信息的管理和利用,都是通过信息系统这个工具来完成的,各种系统也只有集成为综合系统才能充分发挥作用。信息系统技术是以计算机为中心,以数据库和通信网络技术为依托实现对信息处理的技术。人类生活在信息海洋中,但信息是混乱的、无序的,只有将混乱无序的信息变成有序的,才能查找和利用。将信息进行整序是数据库技术的核心内容,它能将相关的信息集合,实现信息的有序存储和有效利用。

5.多媒体技术。多媒体技术包括多媒体内容分析技术,视频、图像压缩技术,其他图像处理技术(如图像的灰度化、二值化、纠偏、去污处理等),对图像文件进行自动识别的技术,多媒体信息的整合与检索,信息的可视化展示

(数据多维层次显示技术、数据集成显示技术、图文关联技术、基于模块的数据显示方式选择)。

6.其他关键技术。信息资源整合涉及的其他关键技术主要包括信息资源整合的相关标准、协议,还有动态信息发布技术,分布式软件体系,网络安全控制技术等。

三、图书馆信息资源整合

(一)图书馆信息资源整合存在的问题

1.图书馆信息资源整合工作发展不平衡。有的图书馆对信息资源整合工作很重视,利用整合系统将中外文数据库进行了程度不同的整合,减少了用户的利用障碍;而有的图书馆则只将资源作简单导航,按学科或文献类型进行罗列,缺乏有效的整合,对读者的查找和利用帮助不大。

2.缺乏资源组织的规范和标准,检索效率低。由于各数据库所采用的标准不同,有时数据库不开放接口,使得大多数整合系统基本都是采用采集式来整合数据库,造成系统稳定性差,检索效率低下。

各图书馆采用不同的整合系统,各系统间缺乏统一的整合规范和标准,如果其技术标准扩展性和兼容性差,则为以后的资源共享埋下了隐患。

3.资源整合栏目设置不明确。如有的图书馆主页上设有“跨库检索系统”“一站检索”“个性化信息推送”“整合检索”“学术信息资源门户”等栏目,或者设置在“网络数据库”“资源导航”等栏目的下几级的网页中,名称各异,栏目性质不明确,容易引起混淆。

4.缺少交互性的帮助功能。用户的检索是有一定目的和方向的,资源整合中由于效率的问题,并不是数据库越多越好,用户需要的是功能互补的、与学科相关的数据库,但他们并不知道哪些数据库符合要求,他们需要实时的、交互式的帮助。现有的一些软件在鼠标移动到某数据库时有该数据库特点的介绍,但要用户一个个地看也是不胜其烦,最好有从学科或文献类型等入口的推送帮助功能。

5.采用的技术不完善，整合效率较低。几乎所有的统一检索平台，基本都是采用采集式来整合数据库，由于中间层需要将检索请求“翻译”成各个数据库的检索语句，然后再截获各数据库的检索结果，这就必然造成检索效率低下，用户等待时间较长等问题；返回的结果仍是web页面格式，需要进行大量的字符处理来解析记录，造成检索速度较慢，而且很难进行分类等二次处理。检索效率始终是困扰系统开发和应用人员的问题，整合的数据资源越多，问题越突出。

6.图书馆业务流程没有作相应的变革。图书馆要提高信息资源整合服务的效果，就必须对以传统服务方式设置的组织构架进行整合。传统图书馆业务部门的划分和组织机构的建立是以文献类型及其处理流程为依据的，远远适应不了数字图书馆建设与发展的需要。分工过细，功能重叠，效率不高；部门之间独立分散，协作水平较低，交流渠道不畅，应变反应能力较差；一线服务岗位人才匮乏，无法提供高水平、深层次的数字信息服务。

7.没有对整合系统进行宣传推广。实现了跨库检索功能后，许多图书馆往往只是在网页上增加一个栏目而已，没有对其功能和效用作更多宣传推广，很多用户往往不知其作用而没有应用这一快捷的检索渠道，有违数据整合的初衷。

（二）图书馆信息资源整合的划分类型

1.按图书馆信息资源整合的区域位置划分。

（1）国家范围内图书馆界信息资源整合：这种整合类型也可称为宏观意义上的图书馆信息资源整合，涉及全国范围内各个地区图书馆界广泛意义的协作，信息资源从采购到利用各个环节统一协调、统一标准，实现国内图书馆界的互通有无、资源共享。

（2）地区范围内图书馆信息资源整合：在信息内容和信息服务方面，由于缺乏统一的领导和协调，造成很多地区出现了在同一区域内各个图书馆网络系统间资源开发分散、重复现象严重，处于互不相通、相互独立的局面。

(3)单个图书馆范围内的信息资源整合：单个图书馆范围内的信息资源整合是图书馆作为独立的个体单位进行的信息资源整合，这种整合具体表现为跨库检索、学科导航、学科馆员制等。

2.按图书馆信息资源整合深度划分。

(1)浅度信息资源整合：浅度信息资源整合指的是多个馆藏的简单相加，没有进行深度融合。如上海交大图书馆的Webpac检索系统的多节点数据库检索。

(2)中度信息资源整合：中度信息资源整合即对相关数据库内的数据对象去除重复信息的整合，提供给用户的不单是统一的查询界面，而且是不重复和高质量的信息。这样的信息资源整合不仅提供跨库交叉检索功能，而且对命中记录作了查重处理，节省了用户对各数据库重复内容进行排除的时间和精力。

(3)深度信息资源整合：深度信息资源整合是图书馆基于知识管理理念的深层用户服务，打破各个数据库数据资源的分割局面，按照知识单元组织信息并提供给用户。信息资源整合程度越深，用户吸收和利用信息的效率越高。

3.按资源涵盖范围划分。

(1)学科综合性信息资源整合：学科综合性信息资源整合包括自然科学信息资源整合、社会科学信息资源整合、人文科学信息资源整合、工程技术信息资源整合等。

(2)学科分散性信息资源整合：学科分散性信息资源整合包括几个专业信息资源的整合。

(3)学科专业性信息资源整合：学科专业性信息资源整合仅包括一个学科专业的信息资源整合。

4.按文献加工程度划分。

(1)全文型信息资源整合：即一次文献的整合。

(2)检索工具型信息资源整合：即二次文献的整合、三次文献的整合。

(3)混合型信息资源整合:即一次文献、二次文献、三次文献的混合整合。

5.按资源划分。包括:①图书资源的整合;②期刊资源的整合;③报纸资源的整合;④会议论文的整合;⑤各种资源混合型整合等。

(三)图书馆信息资源整合模式

1.面向资源的信息资源整合模式。面向资源的信息资源整合主要是利用数据库及数据仓库等技术,对各种异构、散乱的信息资源进行筛选组织,从而优化信息资源体系的结构,并利用人工智能技术为用户提供集成服务。整合后的信息资源能够消除图书馆传统馆藏资源和数字资源、异构资源之间的零散孤立的状态,成为更为系统、专业、便于利用的体系。

(1)基于OPAC的整合模式:OPAC(联机公共检索目录)是用户利用图书馆资源的最常用的入口。其是基于传统书目管理的整合模式,它立足于OPAC,依托于图书馆管理系统,完全占有馆藏书目数据资源,在此基础上通过功能扩展,实现对其他信息资源的整合。

这种整合模式解决了实体馆藏资源和数字资源的对接问题,用户不需要熟悉新的系统和检索方式就可以利用外馆的数字信息资源。但是对于数据结构和通信协议存在差异的数据库之间的整合无能为力。由于人力、物力和知识产权等问题的限制,实现全面信息资源整合的可能性较小,电子资源的链接地址也不能随意更改,系统维护成本较高。

(2)基于跨库检索系统的整合模式:基于跨库检索系统的整合以多个分布式异构数据库为整合的对象,整合后系统为用户提供统一的检索界面和信息反馈,从而实现多个数据库的同时检索。整合后的界面没有自己的资源数据库,它仅仅是建立一个代理界面来接受用户的检索请求,并将这些请求转换成相应的数字资源系统检索方法和检索语言,最后将各个资源系统返回的检索结果进行排序和整合。

这种整合方式避免用户逐个登录数据库、输入检索条件,提高了用户获取信息资源的效率;检索的结果以统一的格式、统一的标准排序,方便了用户的浏览和选择。但是由于技术的原因,检索时只能利用源数据库"共同"或相似的检索模式,源数据库有特色的检索模式可能不能利用,不支持高级检索,查准率和查全率较低。

(3)基于资源导航的整合模式:资源导航是从学科、文献类型等不同角度出发对信息资源进行描述、分类,并按照主题、字顺等对信息资源进行重组,建立资源导航库,为用户提供资源名、类别和关键词等使用入口。有些图书馆除了对本馆的数字资源进行导航整合外,还会对链接的相关学科综合站点、专业站点、学术机构站点进行整合。

这种整合方式使用户可以快速全面了解信息资源的状况,有利于用户的选择和利用;实现了馆内资源和网上资源相结合的整合,弥补了馆内资源的不足。但是这种整合系统仅适用于对资源状况缺乏了解的偶然用户,对于资深用户并不适用。如果馆藏调整或数据库改变,电子资源的链接地址就会失效,致使导航整合的可用性下降。如果整合时对信息资源内容揭示的详细程度不够也会影响系统功能的发挥。

(4)基于信息链接的整合模式:基于信息链接的整合是通过超文本链接机制,将存在于异构资源系统中的信息实体及信息实体基本属性间的内在关系整合起来,组成一个有机的信息网络。

这种整合方式通过链接机制使不同类型、级次的信息资源连接起来,并深刻揭示了内容之间的联系,形成了具有知识结构的信息资源体系,便于用户一步到位地获取相关资源和自由重组知识,达到知识增值的目的。但是随着链接点的增多和链接层次的深入,容易造成信息迷航。

2.面向用户的信息资源整合。面向用户的信息资源整合要求以用户为核心,形成一种聚合信息资源、信息服务、信息利用活动的动态机制,其最终目的是帮助用户利用信息、提炼知识、解决问题,从而使用户在信息资源与个人需要的有机结合中,获得积极的体验。面向用户的信息资源整合是信息资源和服务的有机集成,它具有集成性、互动性、定制性和个性化等一系列特点。

(1)基于学科信息门户的整合:这种模式将特定学科领域的信息资源、工具与服务进行集成，不仅提供学科领域相关网络资源权威可靠的导航，还为用户提供一个方便的信息检索和服务入口。其支持开放式集成定制系统，将资源与服务集成在一个可定制、个性化的界面来满足每个用户的需要。或者为某学科用户提供一个统一协作的学术交流环境。学科信息门户一般会为用户提供资源浏览与检索、最新资源介绍与推荐、个性化定制与推送、学术信息交流平台等服务。

(2)合作数字参考咨询模式：合作数字参考咨询模式是一种以用户为导向的信息资源整合和服务模式，它是多个图书馆共同协作，在各个图书馆信息资源、人力资源和服务优化重组的基础上，突破时间、地域、语言、系统等外界障碍，通过网络数字参考咨询平台为用户提供的一种分布式的虚拟参考咨询服务。

第三节　图书馆信息资源共建共享

一、信息资源共建共享概述

(一)信息资源共建共享概念

信息资源共建共享是指两个或两个以上信息机构之间通过分工协作等方式，开展优势互补、互利互惠的信息资源建设和信息服务活动，从而使信息资源布局更加合理，最大限度地满足读者的信息需求。

(二)信息资源共建共享的内容

信息资源共建共享主要包括以下三个方面的内容。

1.信息资源共建。信息资源共建是信息资源共知和共享的前提，不建立丰富的信息资源，就无法共知和共享。共建的方式主要有两种：第一种是机构内部的信息资源共建,第二种是机构与其他机构之间的信息资源共建,比如图书馆与档案馆、博物馆、信息咨询公司、出版社等的合作共建。

信息资源共建主要应该包括信息资源协调采购和学科文献合理配置、信息资源数字化建设、数字资源联合引进、网络信息资源的挖掘和导航、联合制定统一的标准等。

2.信息资源共知。信息资源的共知是指共同获知共建体系内的信息资源收藏、书目编制、文献报道和信息服务等的情况。

3.信息资源共享。信息资源共建共知的目的是共享。信息资源共享曾是梦想,这一梦想在网络时代终于得以实现。图书馆信息资源共享主要包括馆际互借、期刊交换、参考咨询等方面的内容。

(三)信息资源共建共享兴起的背景

1.知识经济的兴起与经济的全球化。知识经济的兴起与经济的全球化密切相关,二者相互促进,相互影响。知识经济的兴起是指新经济的发展和经济结构转型的过程,其中知识和信息成为经济发展的基本资源。随着信息技术的发展和应用,知识和信息的应用范围不断扩大,成为推动经济发展的重要驱动力。知识经济的兴起也改变了经济活动的方式,例如,知识产业和服务业占据了越来越大的比重,知识和技能成为影响劳动力市场的关键因素。经济的全球化则是指世界经济日益紧密地联系在一起,国际贸易、投资、技术转移等经济活动跨越国界,形成了越来越大的全球市场。全球化带来了更多的市场机会和竞争,同时也带来了更多的挑战和不确定因素。在全球化的背景下,知识经济成为各国经济增长和国际竞争的重要动力。知识经济的兴起为经济全球化提供了新的机会和驱动力,通过知识创新、技术创新和服务创新,促进了经济活动的国际化和全球化。与此同时,经济全球化也为知识经济的发展提供了更广阔的市场和更多的机会,促进了知识和技术的跨国流动和转移,推动了知识经济的全球化进程。总之,知识经济的兴起和经济全球化是紧密相连、互相促进的,二者共同塑造了当今世界经济的格局和特点。

2.社会信息环境的巨大变革。随着信息技术和通信技术的迅速发展和普及,社会信息环境发生了巨大变革。这些变革给信息的获取、传播和应用方式带来了巨大的影响,其中一些重要变革如下:①信息获取的途径更加多元化。互联网、社交媒体、智能手机等技术创新让获取信息的途径更加多元化,大众可以通过不同的渠道获得各种类型的信息;②信息传播的速度和范围更广。新技术使得信息传播速度更快,范围更广,如今在世界上的任何一个角落都可以通过网络获得最新的信息;③信息内容更多样化。随着更多的人参与信息的生产和传播,信息内容变得更加多样化,同时也更具有分散性和去中心化;④信息的可信度难以统一。由于信息来源的多元化,信息的可信度也变得难以统一,人们需要花更多的时间和精力来验证信息的真实性;⑤私人信息的保护问题。新技术使得个人信息变得更加容易被获取和利用,保护私人信息也变得越来越重要。这些变革深刻地影响了人们的生活和工作方式。在这样的背景下,如何适应和应对这些变革已成为各个社会群体必须面对的重要问题。同时,这些变革也为信息行业和服务提供了更多的机会。

二、我国文献信息资源共建共享实践

(一)共建共享实践中存在的问题

1.资源共享意识有待加强。国外文献信息资源共建共享实践的活跃以及诸多共建共享模式的成功运行,都离不开强烈的资源共享意识。只有拥有资源共享的意识,人们才会重视信息资源共建共享事业的发展。

相比国外,我国对于文献信息资源共建共享的实践,政府虽然指导、规划了几个藏书建设协调计划,但直到现在仍没有形成完备的文献资源保障体系。我国图书馆经费困难以及图书馆立法的欠缺,从另一个侧面反映出了政府对信息资源共建共享的忽视。我国信息资源共建共享系统中的有些成员馆资源共享意识薄弱,愿意共享不愿意共建,从而在合作中表现出消极的态度。

2.缺乏有效的管理模式。文献信息资源共建共享体系的建设是一项系统性的活动,缺乏有效的管理模式将直接导致体系运行的失败。国外运行良好的共建共享网络都拥有一套完整的管理体系和完善的组织架构。合理的组织管理机构,完善的政策、程序、规章、制度、技术标准等是共建共享系统有效运行的保证。

由于条块分割的管理体制,我国一直都缺乏一个有责有权的信息资源共建共享协调机构。这直接导致我国的共建共享实践缺乏宏观规划,相关政策、法规不健全,共建共享体系没有强有力的合同或协议制约。

3.缺乏完善的运行机制。共建共享模式是否具有活力,很大程度上取决于运行机制,特别是利益平衡机制。要使参加资源共建共享网络的各成员之间,能够依据它们的投入和贡献,获得相应的利益,从而激发它们合作的积极性,这样的信息资源共建共享体系才具有长久的活力。

国外的信息资源共建共享活动有着较为完善的运行机制。在政府机制方面,政府为共建共享活动提供财政支持,提供良好的政策、法规环境,宏观调控社会整体的信息资源配置;在市场机制方面,信息资源共建共享网络积极开展有偿服务,进行商业化运作;在社会机制方面,资源共享的理念深入人心,成员有着很强的服务观念;在协调机制方面,国外模式有着良好的组织保障。

与国外相比,我国缺乏完善的政策、法规体系,政府提供的财政支持有限,没有有效的管理机构,资源共享的理念远没有深入人心,图书馆开展有偿服务的尝试举步维艰。

4.服务方式贫乏、服务深度不够。信息资源共享的最终目的是要满足用户的信息需求,因此,有必要为用户提供丰富的、深层次的服务内容。

国外信息资源共建共享网络借助其良好的资源基础,开展了大范围、深层次的信息服务,有的服务范围甚至扩展到了全世界。有的机构不仅开展了传统的信息检索、馆际互借、文献传递等服务,还拓宽了其服务方式,提供电子图书、电子期刊以及多媒体服务。

我国信息资源共建共享网络的规模不大，资源基础薄弱，相关数据库的建设缺乏力度。资源基础决定服务的广度与深度，就算是提供与国外相同的服务，如馆际互借、文献传递等，其规模与服务质量也远远比不上国外。

5.信息技术利用不充分。资源共享的理念在很早以前就已提出，但真正实现大范围的资源共享，还要归功于计算机技术与网络技术的发展。

国外善于利用信息技术，无时无刻不在思索技术改变现状的可能性；国外善于革新技术，不断创新推动整个社会的发展。紧随信息技术的发展，不断使用新的技术来支持资源共享的事业；注重技术创新，重视信息技术发展的作用，并善于利用信息技术来创造价值，采用最新的技术成果，构建了一个拥有稳固架构的信息资源共建共享网络。

我国的信息技术并不落后于国外，但缺乏的是将技术应用于实践的尝试与创新，技术的潜力尚未完全挖掘。在信息资源处理标准化方面，我国离国外相差甚远。在利用、融合现有信息技术的同时，注重对标准化的研究，这是我国共建共享实践在技术层面上需要重视的地方。

（二）文献信息资源建设

1.构建文献信息共建共享运作机制。构建文献信息资源共建共享运作机制，积极推进文献信息资源建设。要针对目前文献信息资源建设还比较薄弱的状况，建立宏观的文献信息机构，开展全国性、地方性的文献信息资源共建共享，扩大文献信息服务内容，扩大文献信息服务范围，利用先进的手段建设计算机软、硬件平台，使之具有海量的存储功能，提升网络的文献信息传递速度，坚持统一规划，突出重点，优化结构，不断丰富文献信息资源的内容，增强文献信息资源共建共享的特色。

2.加强文献信息人力资源建设。加强文献信息人力资源建设，注重文献信息新技术的应用。应加强文献信息人才的培养与专业人员的素质教育，加强图书馆专业人员的培养与提高，尽快适应新世纪的文献信息学术服务的需要，特别是要注意改善图书专业人员的单一结构：一是要重视适当吸纳多学科人才，如计算机硬件、软件专业人才要有适当配备，同时要适当配备学科专业人员，并注意加强对这些专业人员的图书情报专业知识的培训，有利于推广应用文献信息新技术，有利于扩大学术服务的领域；二是要注重培养在职专业人员，对图书信息管理专业人才要注意扩充外专业的知识，有利于提高学术服务的质量。

3. 拓展文献信息资源共建共享的方式与内容。进一步克服文献信息资源利用的地域差距，树立全国性、全球性共建共享的新观念。文献信息资源通过数字方式存贮、传递、检索和利用，集中后向全国、全球分散、辐射，快速跨越时间和空间，可实现异地阅读和检索，达到文献信息资源共享。

4. 创新文献信息服务方式，建立新的文献信息资源共建共享模式。图书馆要摒弃陈旧的文献信息服务方式，充分利用网络和通信技术，进一步加强合作，加强联机编目、联机检索、联机馆际互借，加强协调，推进文献信息资源的共建共享。遵循以读者为本的原则，树立方便读者和节约文献信息资源购置经费并重的思想。通过创新文献信息传递方式，加快文献信息检索与利用、原文传递以及文献信息咨询服务的速度。

三、图书馆信息资源共建共享

（一）图书馆信息资源共建共享的意义

资源共建与共享是相互依存、相互支撑的一个整体概念，只有共建才能共享，只有共享才能共同发展。同时，在各图书馆情报机构之间建立良好的合作与交流制度，为共享各方适时提供各种资源配置，引导共享各方充分利用现有资源。根据本馆特色，按照标准，有计划地建立各自的专题库、地方文献库，从而推动文化事业更快发展，逐步形成以文化信息的网上服务为基础的新的知识经济增长点。

1. 促进图书馆基础业务的发展。随着互联网的普遍兴起和快速发展，图书馆又进入了一个新的发展时期，发展的最终阶段是网络图书馆，其宗旨就是建立广泛开展电子信息服务和实现信息资源共享的计算机网络信息服务系统，从而使馆藏文献信息资料的种类更加丰富多样，电子文献、视听文献在馆藏中所占比例逐步增加，目前，电子文献的利用率呈上升趋势，使得馆藏文献利用率也相应提高，电子文献、视听文献相对于传统印刷型的文献服务功能更加丰富多样，服务效率更高。

2. 提高文献信息资源利用率。实现资源共建共享可以提高文献资源利用率，做到社会效益与经济效益双丰收，有利于图书馆的发展。目前，文献信息资源仍然是人们获取信息的最主要来源，然而根据调查，目前大多数图书馆文献利用率还不到30%，有些书刊资料一直放置在书库里无人问津，造成极大浪费，究其原因主要是大多数文献资料未经过进一步加工处理，未进行深层次开发，可利用性较差。因此，积极开发信息文献资源是保持图书馆始终站在文献情报信息前沿的一大举措，也是文献资源共建共享的最终目的。

3. 拓宽读者服务工作方式。资源共建共享是采用现代信息技术，对文化信息资源进行加工和整合，通过网络最大限度地被社会大众享用的文化工程。它开辟了一个不受地域、时空限制的崭新的文化传播渠道。改变传统的单一借还服务模式，充分利用网上资源、地方文献库、特色资源库等提供网上咨询、短信咨询、电话咨询、在线咨询等多种服务方式，通过文献远程传递服务为用户提供人性化的服务，举办各种类型的报告会、讲座、文化信息资源展示活动让社会民众通过文化共享工程享受到先进、优秀的文化大餐。

（二）图书馆信息资源共建共享的可行性

1. 网络化为两类图书馆资源共享提供技术保证。信息技术在图书馆中的大量应用，使得图书馆的馆藏由传统馆藏向数字化馆藏转变，文献信息的载体出现了纸张和电子介质共存的局面。图书馆除了为读者提供传统的借阅服务、参考咨询等外，还可以为读者提供网上服务，如全文检索、文件传输等。这样，图书馆完全可以借助因特网，将馆藏资源向社会开放，同时通过建立图书馆之间的馆际互借系统、原文复制和网上文献传递业务关系，使参与共建共享的各类图书馆的信息资源为更多的用户服务,提高图书馆信息资源的利用率。

2.全国文化信息资源共享的有益启示。信息资源共享是网络时代图书情报机构发展的根本出路,受到越来越多政府机构和信息机构的重视并得以逐步付诸实施,由文化部、财政部主持建设的全国文化信息资源共享工程,采用现代信息技术,将各种类型的文化信息资源进行数字化加工处理与整合,通过网络传输系统,实现优秀文化信息在全国范围内的共建共享。公共图书馆已经建立了全国文化信息资源共享工程中心,它已在全国高校中建设了很多基层网点,这种已经形成的共建共享模式为高校图书馆与公共信息资源的共建共享提供了有益的启示。

3.高校图书馆对外开放营造了资源共享的氛围。早在2002年,教育部颁布的《普通高等学校图书馆规程(修订)》就明确了高校图书馆应当在为本校师生员工服务的基础上,面向社会,开展文献信息资源利用方面的服务,支持地方经济和文化建设,对新形势下的高校图书馆提出了要求,这为图书馆资源的共享营造了政策氛围。

4.公共图书馆具备共建共享的诸多优势。公共图书馆是政府的重要文化部门,各地政府对提供面向全社会的文化信息服务、发展文化信息产业有责任也有积极性。公共图书馆与高校图书馆开展信息资源共建共享,会得到政府的支持和鼓励,同时也会受到包括社区组织、居民及企业的欢迎。高校图书馆通过公共图书馆也可将社会文化部门的各类文化要素直接引进大学校园,拓展高校图书馆的文化功能、教育功能、服务功能。公共图书馆作为地方图书馆,其馆藏具有鲜明的地方特色,通过共建共享,这些资源扩大了高校图书馆的馆藏范围。

(三)高校图书馆加强共建共享服务的措施

1.以实际需求为基础加强高校图书馆信息资源共建共享。高校的特色数据库是高校电子信息资源建设的精髓和重点。各个高校应以开放的态度和共享的精神让更多的用户使用本校的自建数据库,加强学校间的合作交流。高校图书馆应充分发挥本校的特色专业优势,从读者角度出发,建立具有专业特色的专题数据库,突出本校的办学特色。

对于印刷品等纸质版文献资源,受地域、采购、管理等条件的限制,实施起来的难度将有所加大。高校图书馆可以通过制定统一的借阅条例,利用寒暑假等特殊时段向本校以外的高校师生开放,实现资源的共享。推动地区高校文献信息资源共享联合体的建立。

2.加强高校图书馆配套设施建设。高校图书馆的资源共建共享服务离不开计算机系统和多媒体设备的运用。当前,部分高校多媒体设备陈旧、老化,不能满足用户对于现代信息技术的需求。另外,计算机设备相对短缺,很难满足本校师生对于电子信息的需求。从信息资源的采集、查询、检索、浏览、打印来看,计算机多媒体设备已经成为信息资源共享项目的重要基础和技术保障。高校图书馆最初在进行硬件设备采购时只是依据自身的经费水平及需要而进行选择的,受计算机设备型号、共享服务技术水平的限制等因素的影响,进一步加大了高校间信息共享继续发展的难度。这就要求要进行统一的规划,在经费预算准许的情况下,增设专门用于信息资源共享的各种设备。进一步加大高校信息共享各种硬件设施的标准化建设。同时,聘请相关领域的专家,在技术上进行调试,确保共享服务的顺利开展。

3.提升图书馆工作人员的综合素质。

(1)图书馆工作人员存在的问题:高校图书馆工作人员是信息资源共享项目的直接参与者与管理者。他们的服务意识、业务水平将对该项目顺利开展起重要作用。当前图书馆工作人员主要存在以下问题:第一,服务意识淡薄,缺乏工作的积极性、主动性低;第二,工作人员素质参差不齐,学历普遍偏低;第三,缺乏培训与考核,现有的培训往往流于形式;第四,缺乏共建共享的合作意识。

(2)提升图书馆工作人员的综合素质:高校图书馆信息资源的共建共享需要高素质的人才,为信息资源的共建共享提供强有力的人力资源保障。

首先,需要实现共建共享工程的决策者和指挥者,他们需要具备图书馆领域的相关知识,还需要有前瞻性和开拓创新精神,能够从整体上进行统一规划和协调管理。

其次,需要能够进行共建共享项目系统技术研发的人员。这些人员需要具备较高的技术水平,负责整个共享平台的创立、设计和维护,并具有前瞻性,可以根据高校师生的要求及时做出调整。

最后,需要共建共享平台的服务人员。一方面要对他们进行图书馆资源使用、计算机多媒体设备操作等相关技能的培训,另一方面,要使图书馆的工作人员进一步明确图书馆共建共享项目的目标和指导思想,强化他们的服务意识,不断提高自身素质。

图书馆工作人员需要不断提升自身的业务素质、文化素质,熟练操作现代技术设备,以满足用户的多方面需求。

4.提供个性化服务。图书馆服务的根本宗旨就是以读者的需求为根本的出发点和落脚点。提供参考咨询服务,用户可以通过电子邮件、留言板等形式向图书馆工作人员寻求帮助。随着网络资源的不断丰富、信息量的不断扩大、多媒体设备的不断更新,用户在查询检索、使用的过程中往往不能得心应手,网上参考咨询服务可以解决用户困难,为他们提供帮助,让他们充分利用好共享的信息资源,对用户反馈的问题及时处理。

5.加强图书馆网站建设。图书馆网站是进行这项工程的窗口。尤其对于校外用户来说,高校图书馆的网站是其了解该校图书馆的信息资源的主要途径。高校图书馆主页设计应该结合本校的特点做到简洁、清晰、方便使用。

首先要完善图书馆网站的相关功能,增设信息资源共享平台,并就其中相关的规章制度、操作流程进行详细说明,确保用户能够快速获取相应的信息资源。其次,网站的设计应突出强调本校的学术特色、重点资源,并根据资源内容进行整体规划。做到布局合理,条理清晰,方便系统内的用户查找。同时网站的设计要注重方便系统内用户的交流。以兴趣、专业等条件进行划分,在此基础上设立专门的讨论区为用户创造交流学习的机会。

参考文献

[1]曾文麒，杨玲静．大数据背景下高校图书馆信息化建设策略研究[J]．传媒论坛，2021，4(06)：145—146．

[2]曾瑛．以用户需求为导向的高校图书馆管理策略研究[D]．西华师范大学，2015．

[3]陈松．天津大学图书馆信息化建设研究[D]．天津大学，2019．

[4]程焕文，赵冬梅．资源为王 服务为本 技术为用——程焕文谈高校图书馆管理的理念[J]．晋图学刊，2020，(01)：1—10．

[5]邓朝艳．高校智慧图书馆信息化服务平台建设研究——评《智慧图书馆信息化建设理论与实践》[J]．科技管理研究，2022，42(01)：222．

[6]韩冰．物联网技术在图书馆管理中的运用研究[J]．文化产业，2022(16)：82—84．

[7]韩丽风，王媛，刘春红，等．学生读者深度参与图书馆管理和服务创新的实践与思考——以清华大学为例[J]．大学图书馆学报，2013，31(04)：26—30．